Ihr Geld für eine bessere Welt: Der Leitfaden für nachhaltige Anlagen

Wie Sie Ihre Ersparnisse nachhaltig, sicher und gewinnbringend investieren

Thomas Öchsner

WOLTERS KLUWER | STEUERTIPPS

Postfach 10 01 61 · 68001 Mannheim
Telefon 0621/8626262
Telefax 0621/8626263
www.steuertipps.de

1. Auflage
Stand: Januar 2026

Zum Zwecke der besseren Lesbarkeit verwenden wir allgemein die grammatisch männliche Form. Selbstverständlich meinen wir aber bei Personenbezeichnungen immer alle Menschen unabhängig von ihrer jeweiligen geschlechtlichen Identität.

Redaktion: Dr. Torsten Hahn, Benedikt Naglik, Gerald Eckel
Geschäftsführer: Christoph Schmidt, Stefan Wahle

Layout und Umschlaggestaltung: futurweiss kommunikationen, Wiesbaden
Bildquelle: Carla Lenné
Printed in Poland

ISBN 978-3-96533-493-9

Vorwort

Viele Menschen wollen dem Klimawandel und der Zerstörung der Umwelt nicht mehr tatenlos zusehen. Sie möchten ihren Kindern und Enkelkindern eine bessere Welt hinterlassen, etwas für das Klima tun und fairer und regionaler konsumieren. Aber nicht nur das: Sie wollen auch wissen, was ihre Bank oder Sparkasse mit ihrem Geld anstellt. Und sie wollen ihr Vermögen gleichzeitig möglichst nachhaltig anlegen.

So geht es Ihnen vielleicht auch, weil Sie wissen: Jede finanzielle Entscheidung, die Sie treffen, kann eine Entscheidung für die Zukunft unseres Planeten sein. Mit Ihrer Geldanlage können Sie mitbestimmen, welche Unternehmen und Technologien gefördert werden und so bestenfalls Gutes bewirken.

In Deutschland ist das Investieren mit gutem Gewissen fest im Finanzmarkt verankert. Das Volumen nachhaltiger Geldanlagen ist in den vergangenen zehn Jahren stark gewachsen. Längst handelt es sich nicht mehr um nur einen kurzfristigen Trend. Es ist ein grundlegender Wandel in der Finanzwelt. Seit 2022 müssen Finanzberater Sie sogar fragen, ob Sie Ihr Geld nachhaltig anlegen möchten und Ihnen passende Produkte vorschlagen.

Viele glauben aber fälschlicherweise, dass nachhaltige Geldanlagen weniger Gewinn abwerfen. Studien beweisen jedoch das Gegenteil: Die meisten nachhaltigen Anlagen schneiden genauso gut oder gar besser ab als herkömmliche Investments. Sie bieten oft sogar einen besseren Schutz vor Verlusten. Der Grund dafür ist einfach: Unternehmen, die auf Umwelt- und Sozialstandards achten, sind häufig besser für die Zukunft aufgestellt und können die Chancen des umweltfreundlichen Wandels besser nutzen.

Um Ihnen die Auswahl zu erleichtern, hat die Europäische Union inzwischen sogar klarere Regeln geschaffen. Diese sollen festlegen, was genau eine nachhaltige Investition ist. Gleichzeitig wird gegen »Greenwashing« stärker vorgegangen als noch vor ein paar Jahren. Also gegen Unternehmen, die sich grüner darstellen, als sie tatsächlich sind. Auch die deutsche Finanzaufsicht BaFin soll nun darauf achten, dass Fonds, die als nachhaltig beworben werden, ihr Versprechen in der Praxis einhalten.

Besonders die jüngere Generation legt großen Wert auf nachhaltige Geldanlagen. Das zeigt, dass dieser Trend langfristig an Bedeutung gewinnen wird. Die Finanzwelt beginnt zu verstehen, dass Klimarisiken wie Extremwetter und Naturkatastrophen erhebliche finanzielle Risiken darstellen. Nachhaltige Geldanlagen, die diese Risiken berücksichtigen, sind daher oft die klügere und sicherere Wahl für die Zukunft.

Dieser Ratgeber führt Sie durch die komplexe Welt der nachhaltigen Geldanlage und zeigt auf, wie Sie Ihr Vermögen so investieren können, dass es nicht nur für Sie, sondern auch für den Planeten arbeitet. Mit fundierten Analysen, konkreten Beispielen und unabhängigen Empfehlungen erhalten Sie die Werkzeuge, um in eigener Regie Ihre Finanzen so zu gestalten, dass die Welt ein besserer Ort wird.

Ich wünsche Ihnen eine aufschlussreiche Lektüre und viel Erfolg bei Ihrer nachhaltigen Geldanlage.

Ihr Thomas Öchsner

Inhalt

1 Nachhaltige Banken: Was bei ihnen anders ist, wie man sie findet, was sie bieten

Mehr als jeder Dritte in Deutschland möchte bei der Geldanlage künftig stärker auf den **Schutz der Umwelt und soziale Aspekte** achten. Wer solche Vorsätze ernst nimmt, kann bereits bei der Wahl der Bank beginnen. Bei konventionellen Kreditinstituten bleibt oft unklar, was mit den Einlagen passiert. Diese können beispielsweise in Anleihen von Unternehmen fließen, die als Klimasünder gelten, oder in Kredite für Firmen, die gegen internationale Menschenrechtsstandards verstoßen oder stark auf fossile Energieträger wie Kohle, Öl und Gas setzen.

Wer das vermeiden möchte, kann zu einer **nachhaltigen Bank** wechseln. Begriffe wie »nachhaltig«, »ethisch« oder »umweltfreundlich« sind zwar nicht gesetzlich geschützt, aber es gibt in Deutschland eine Reihe von Banken, die sich durch **strenge sozial-ökologische Kriterien** auszeichnen. Ein gutes Dutzend solcher Banken unterscheidet sich von konventionellen Instituten vor allem dadurch, dass sie nicht nur nachhaltige Anlageprodukte anbieten, sondern zudem sicherstellen, dass Kundengelder möglichst nachhaltig investiert werden. Aber was heißt das genau?

Nachhaltige Banken legen selbst fest, welche Investitionen erlaubt sind und welche nicht. Gemeinsamkeiten gibt es jedoch: Sie schließen Investitionen in Rüstung, Gentechnik, klimaschädliche Projekte sowie Unternehmen mit Kinderarbeit oder Menschenrechtsverletzungen aus. Stattdessen finanzieren sie Projekte wie Wind- und Solarparks, soziale Wohnprojekte, Pflegeheime oder Bio-Bauernhöfe. Transparenz ist diesen Geldinstituten wichtig: Viele nachhaltige Banken legen offen dar, wie sie das Geld der Kunden verwenden.

Zu den **bekanntesten und bundesweit aktiven Instituten** zählen:

- **GLS Bank:** 1974 gegründet, gilt das Bochumer Geldhaus als größte und älteste nachhaltige Bank mit etwa 378.000 Kunden und Filialen in München, Berlin, Hamburg, Stuttgart, Freiburg und Frankfurt. Besonderheiten: Die Sparer können bei der GLS Bank selbst bestimmen, welchen Branchen ihr Geld zugutekommen soll, egal ob es um Ernährung, erneuerbare Energien, Bildung oder Wohnen geht. Die Genossenschaftsbank schüttet an ihre Mitglieder einen Teil des Jahresüberschusses als Dividende aus. Die GLS Bank wurde 2024 erneut vom Fair Finance Guide als fairste und nachhaltigste Bank ausgezeichnet.
- **EthikBank:** Hier handelt es sich nicht um ein eigenständiges Geldhaus. Unter dem Label EthikBank läuft vielmehr das Direktbank-Geschäft der Volksbank Eisenberg in Thüringen. Besonderheiten: Die Kunden haben ein Konto bei der Volksbank, für die die ethisch-ökologischen Kriterien der EthikBank ebenso gelten sollen. Wer seine Bankgeschäfte über die EthikBank abwickeln möchte, kann dies wie bei anderen Direktbanken ausschließlich online, telefonisch oder schriftlich tun.
- **Triodos Bank:** Auf drei Wege (griechisch: Triodos) will sich die größte Nachhaltigkeitsbank Europas konzentrieren: Mensch, Umwelt, Leben. Geschäfte sind für die niederländische Bank »Mittel zum Zweck«, nämlich um »positive Veränderungen für Mensch und Umwelt« zu bewirken. Besonderheiten: Die Bank ist in den Niederlanden eine Aktiengesellschaft, die Aktien werden aber von einer Stiftung verwaltet. Ein Handel mit den Aktien an der Börse ist nicht möglich. Die Triodos Bank erhielt 2025 den **Deutschen Nachhaltigkeitspreis** für herausragende Beiträge zur Transformation.
- **UmweltBank:** Das Nürnberger Geldhaus ist die zweitgrößte nichtkirchliche nachhaltige Bank in Deutschland und eine Aktiengesellschaft, die an der Börse notiert ist. Besonderheiten: Die Bank zahlte jahrelang eine Dividende aus. 2023 und 2024

gab es aber keine Gewinnausschüttung an die Aktionäre. Das Geldinstitut gibt eine »Umweltgarantie«. Demnach werden alle Spareinlagen ausschließlich für Kredite genutzt, die Umweltprojekte fördern sollen. Mittlerweile bietet die UmweltBank auch Girokonten an.

Neben diesen nichtkirchlichen Banken gibt es einige **kirchliche Geldhäuser,** die zur nachhaltigen Finanzbranche zählen, dazu gehören die

- Bank für Kirche und Caritas eG,die mit der Pax-Bank eG Köln zur neuen »**Pax-Bank für Kirche und Caritas eG**« fusioniert ist,
- die **Bank für Kirche und Diakonie eG** (KD-Bank),
- die **Evangelische Bank eG,**
- die **Bank im Bistum Essen eG** (BIB) und
- die **Steyler Ethik Bank.**

Diese Institute legen Wert auf **ethisch-nachhaltige Geschäfte mit christlichem Wertefundament.** Ihr Schwerpunkt liegt im sozialen Bereich: Die fusionierte **Pax-Bank für Kirche und Caritas** finanziert kirchliche Einrichtungen, Krankenhäuser und Sozialeinrichtungen. Die **KD-Bank** unterstützt beispielsweise soziale Wohnprojekte und vergibt Mikrokredite in Entwicklungsregionen, während die **BIB** Kliniken und Bildungsstätten fördert.

1.1 Wie nachhaltig die Banken wirklich sind

Wer eine Bank sucht, die nicht nur Zinsen zahlt, sondern auch **ethisch und ökologisch handelt,** muss genau hinsehen. Orientierung bieten **unabhängige Bewertungen,** die zeigen, welche Geldinstitute ihre **Nachhaltigkeitsversprechen tatsächlich einhalten.**

1.1.1 Der Fair Finance Guide: Ranking der Banken

Ein Blick in den **Fair Finance Guide Deutschland** hilft hier weiter. Hinter dem Guide steht die Initiative Fair Finance International, ein Verbund von Organisationen aus mittlerweile 17 Ländern, die die Kredit- und Anlagepolitik von Banken bewerten. Die Initiative prüft, inwieweit die Grundsätze der Banken mit über 300 internationalen Nachhaltigkeitskriterien aus 15 Themenbereichen übereinstimmen.

In Deutschland wurden im jüngsten Test 19 Banken untersucht. Das Ergebnis: Die GLS Bank führt das Ranking an, 97 % der Kriterien erfüllte das Geldhaus, darunter 100 % in sieben Kategorien wie Arbeitsrechte und Rüstungsausschluss. Es folgen die EthikBank (92 %), die Triodos Bank (88 %), die Pax Bank (86 %) und die KD-Bank (82 %). Bei Letzteren handelt es sich um Institute mit kirchlichem Hintergrund.

Ein Sonderfall im Test ist der Banking-Anbieter **Tomorrow,** der selbst zwar keine Banklizenz besitzt, aber in Kooperation mit der Solaris SE Privatkunden Girokonten anbietet. Die Solaris SE ist ein lizenziertes Kreditinstitut, das die Bankdienstleistungen im Hintergrund zur Verfügung stellt; die Einlagen sind somit über die gesetzliche Einlagensicherung geschützt. Tomorrow verwendet nach eigenen Angaben das Geld nachhaltig und orientiert sich dabei an den **Nachhaltigkeitszielen** (Sustainable Development Goals, SDG) der **Vereinten Nationen.** Dies bedeutet für Tomorrow, dass nicht in »Branchen, die auf Kosten künftiger Generationen wirtschaften«, investiert wird. Unter anderem schließt Tomorrow als absolute Negativkriterien Waffen, Kohlekraft und Massentierhaltung aus und prüft Unternehmen auf ihren Einklang mit dem 1,5-Grad-Ziel des **Pariser Klimaabkommens.**

Zum Vergleich: Andere bekannte Banken schneiden deutlich schlechter ab. Die **ING** hat laut der Untersuchung 57 % der Kriterien erfüllt, die Direktbank **DKB** 51 %. Weiter abgeschlagen folgen zum Beispiel die **Deutsche Bank** (43 %), das Sparkassen-Fondshaus **Deka** (42 %) und die **HypoVereinsbank** (41 %).

1.1.2 Die strengen Kriterien der Verbraucherzentralen

Allerdings gibt es auch zwischen den führenden sozial-ökologisch ausgerichteten Geldinstituten große Unterschiede. Dies zeigt eine **ergänzende Untersuchung der Verbraucherzentrale Bremen.** Sie prüfte 14 Banken anhand von acht besonders strengen ethischen Ausschlusskriterien für die Vergabe von Krediten und die Anlage der Kundeneinlagen. Zu den wichtigsten Kriterien, die für die Banken tabu sein sollten, zählen:

- Waffen und Rüstung,
- Kinderarbeit,
- Arbeitsrechtsverletzungen,
- Menschenrechtsverletzungen,
- Atomkraft,
- Fossile Brennstoffe,
- Industrielle Tierhaltung und
- Glücksspiel.

Laut der Verbraucherzentrale erfüllten nur fünf der untersuchten 14 Banken sämtliche dieser Ausschlusskriterien: die **GLS Bank,** die **EthikBank,** die **Triodos Bank,** die **ProCredit Bank** und die **Umweltbank.** Bei nur sieben Banken waren zum Beispiel Geschäfte mit der industriellen Tierhaltung kategorisch ausgeschlossen. Dieses Ergebnis verdeutlicht: Wer eine nachhaltige Bank finden will, die zu den eigenen Vorstellungen und Bedürfnissen passt, muss genau hinschauen und sollte passend auswählen, um eine Enttäuschung zu vermeiden.

! Welche Bank wie arbeitet, zeigt eine Übersicht der Verbraucherzentralen im Internet (www.geld-bewegt.de). Hilfreich bei der Suche sind auch die Bewertungen von www.fairfinance-guide.de und die Analysen des auf nachhaltige Geldanlagen spezialisierten, unabhängigen Internetportals Ecoreporter (www.ecoreporter.de/banken-beratung). Wenn Sie einen Wechsel in Erwägung ziehen, sollten Sie aber unbedingt vorher prüfen, welche Spar- und Anlageangebote Ihre möglichen Wunschbanken haben, wie die Konditionen für das Girokonto sind und ob sie auch nach einem Wechsel noch bequem und kostenlos Bargeld abheben können.

1.2 Girokonten von nachhaltigen Banken: Die Serviceleistungen und Preise im Vergleich

Die gute Nachricht zuerst: **Nachhaltige Banken** bieten meist das gleiche Sortiment an Leistungen wie konventionelle Banken. Kunden können also normalerweise ein Girokonto eröffnen, Geld sparen und Festgeld anlegen, ein Wertpapierdepot eröffnen und Fonds sowie börsennotierte Indexfonds (ETFs) kaufen oder einen Immobilienkredit aufnehmen. Nur Ratenkredite werden teilweise aus ethischen Gründen nicht angeboten. Denn die Bank will nicht dazu beitragen, dass Kunden auf Pump leben und schlimmstenfalls in eine **Verschuldungsspirale** geraten.

Wem es wichtig ist, was mit dem eigenen Geld geschieht, muss dafür zahlen. Allerdings nicht zwangsläufig mehr, als dies bei der »Sparkasse A« oder »Volksbank B« der Fall ist. So bewegen sich die Kosten für Girokonten im Durchschnitt auf dem Niveau von herkömmlichen Geldhäusern. Die Zinsen für Sparangebote sind allerdings oft nicht auf dem Niveau der Top-Anbieter, bei denen es sich häufig um Direktbanken, ausländische Anbieter oder kleinere deutsche Privatbanken handelt.

! Das mag für Kunden nicht entscheidend sein, wenn sie sich dafür damit identifizieren können, was die Bank mit ihrem Geld anstellt. Trotzdem lohnt es sich, die Preise und Leistungen zu vergleichen, um sich nicht später über eine missglückte Wahl ärgern zu müssen.

So kostet ein online geführtes Girokonto bei der **EthikBank** beispielsweise 9,– € monatlich (108, € jährlich), während die **Triodos Bank** 5,80 € pro Monat (69,60 € pro Jahr) verlangt. Die **GLS Bank** liegt mit ihrem monatlichen Grundpreis und dem zusätzlichen GLS-Beitrag von insgesamt 9,80 € pro Monat (117,60 € pro Jahr) im oberen Bereich und ist damit vergleichbar mit Filialbanken. Andere nachhaltige Institute wie die KD-Bank bieten kostenlose Konten unter bestimmten Bedingungen an, etwa bei einem definierten monatlichen Gehaltseingang oder dem Halten von Vermögensanlagen.

Andere nachhaltige Institute verlangen laut einer Analyse von **Finanztest** für die Kontoführung im Jahr zwischen 20,– € und mehr als 100,– €. Das ist in etwa so viel oder wenig wie bei vielen klassischen Filialbanken. Die Stiftung Warentest kommt bei ihrem Girokontovergleich auf einen Durchschnittspreis von rund 121,– € im Jahr, wobei die Stiftung rät, möglichst nicht mehr als 60,– € jährlich für die Kontoführung zu zahlen.

Auch die **Dispozinsen** der nachhaltig ausgerichteten Banken bewegen sich oft auf dem Marktniveau – hier wird trotz hehrer ethischer Grundsätze genauso zugegriffen, wie dies bei herkömmlichen Geldinstituten gang und gäbe ist. So liegen die Zinssätze für den **Dispositionskredit** häufig im zweistelligen Prozentbereich.

Ebenfalls gut zu wissen: Fast alle sozial-ökologisch ausgerichteten Banken sind an das **Automatennetz der genossenschaftlichen Finanzgruppe** (BankCard ServiceNetz) angeschlossen, das über rund 15.500 Geldautomaten in Deutschland verfügt. Es ist also wahrscheinlich, dass man als nachhaltiger Kunde auch auf dem Land schnell und kostenlos an Bargeld kommt.

! Einige Anbieter wie Tomorrow erlauben oft nur eine begrenzte Anzahl kostenloser Abhebungen im Inland – darüber hinausgehende Verfügungen sowie Auslandseinsätze können Gebühren verursachen.

1.3 Die Einlagensicherung bei nachhaltigen Banken

Hier gibt es zwischen traditionellen und nachhaltigen Banken grundsätzlich keinen Unterschied: Die gesetzliche Einlagensicherung schützt Einlagen bis zu 100.000,– € pro Person und Bank. Dies gilt ebenfalls für Banken wie die **UmweltBank** (über die Entschädigungseinrichtung deutscher Banken GmbH) oder die **Triodos Bank** (über das niederländische Einlagensicherungssystem).

Darüber hinaus bieten viele private Anbieter in Deutschland **freiwillige Sicherheitssysteme,** die deutlich höhere Beträge absichern. Beispielsweise liegt die Obergrenze der freiwilligen Einlagensicherung bei Mitgliedern des Bundesverbands deutscher Banken aktuell bei einer Million Euro pro Kunde. Wichtig ist zu prüfen, welchem Sicherungssystem die jeweilige Bank angeschlossen ist, da dies nicht für alle nachhaltigen Banken gilt.

! Falls Sie sich für einen Wechsel zu einer nachhaltigen Bank entscheiden, müssen Sie sich keine Sorgen machen, dass beim Kontowechsel etwas schiefgeht. Gemäß § 20 Zahlungskontengesetz (ZKG) sind die alte und die neue Bank gesetzlich zur Zusammenarbeit verpflichtet, um Ihnen einen reibungslosen Übergang zu ermöglichen. Sie können Ihre neue Bank ermächtigen, bei der alten Bank eine Übersicht aller Daueraufträge und Lastschriften der vergangenen 13 Monate einzufordern, sortiert nach Eingängen und Ausgängen. Anschließend können Sie entscheiden, welche Zahlungspartner über Ihr neues Konto informiert werden sollen – falls Sie diese Arbeit nicht selbst übernehmen möchten. Auch Ihre Daueraufträge werden im Rahmen der Kontowechselhilfe von der neuen Bank für Sie eingerichtet und bei der alten Bank gekündigt.

2 Nachhaltige Fonds und Exchange Traded Funds versprechen Rendite und gesellschaftlichen Nutzen – doch halten sie das ein?

Nachhaltige Aktienfonds gehörten vor zwei bis drei Jahren zu den Favoriten deutscher Anleger. Fonds, die Umwelt-, Sozial- und Governance-Aspekte (ESG) betonen, waren stark nachgefragt und der Markt erlebte eine regelrechte Flut neuer Produkte. Doch die anfängliche Euphorie hat sich inzwischen gelegt.

Dass hier eine gewisse **Ernüchterung** eingetreten ist, dürfte vor allem drei Gründe haben:

- **Intransparenz:** Es ist oft unklar, wie nachhaltig Fonds tatsächlich sind. Insbesondere die uneinheitliche Anwendung der **EU-Offenlegungsverordnung** (SFDR), die Fonds in verschiedene Nachhaltigkeitskategorien (z.B. Artikel 8 für »hellgrüne« und Artikel 9 für »dunkelgrüne« Fonds) einteilt, sorgt für Verwirrung. Viele Anleger zweifeln daran, ob die Fonds ihren Ansprüchen gerecht werden.
- **Greenwashing-Skandale:** Fälle wie die Vorwürfe gegen die DWS (Tochtergesellschaft der Deutschen Bank) wegen irreführender Angaben zu nachhaltigen Finanzprodukten haben das Vertrauen erschüttert. Die DWS wurde im September 2023 von der US-Börsenaufsicht SEC zu einer Strafe von 25 Mio. US-Dollar verurteilt.
- **Renditeprobleme:** Nachhaltige Fonds litten zeitweise unter enttäuschenden Renditen, verstärkt durch geopolitische Krisen wie den Ukraine-Krieg und die damit verbundenen Preissteigerungen bei fossilen Energien, von denen diese Fonds aufgrund ihrer Anlagestrategie weniger profitierten.

Auch ein **Strategiewechsel** bei großen Akteuren wie **Blackrock** trug zum Ende der Euphorie bei. Blackrock galt lange als Vorreiter im Bereich ESG-Investments, geriet jedoch unter Druck, da es weiterhin in fossile Energien investierte. Konservative Kreise in den USA kritisierten den Ansatz als marktverzerrend und ideologisch motiviert. Im Jahr 2024 vollzog CEO Larry Fink eine Kehrtwende: Blackrock verfolgt nun das Konzept des »**Transition Investing**«. Dieses zielt darauf ab, Unternehmen finanziell zu unterstützen, die ihre Geschäftsmodelle nachhaltiger gestalten wollen – auch wenn sie noch nicht alle ESG-Kriterien erfüllen.

Diese Strategie birgt Herausforderungen: Es ist schwierig, den Fortschritt solcher Unternehmen objektiv zu messen. Zudem könnten Investitionen in bereits nachhaltige Unternehmen zurückgehen, während Unternehmen mit Nachholbedarf bevorzugt werden.

Trotz dieser Entwicklungen bleibt das **Interesse an nachhaltigen Anlagen** bestehen. Viele Menschen investieren weiterhin in diese Produkte, um sowohl Rendite zu erzielen als auch einen positiven Beitrag für Umwelt und Gesellschaft zu leisten. Laut einer Studie des **Marktforschungsinstituts Puls** für die **Quirin-Privatbank** gaben knapp 40 % der Befragten an, mit ihrer Geldanlage eine bessere Welt für kommende Generationen schaffen zu wollen.

Doch hält ein Fonds, der mit »nachhaltig«, »ESG« oder »ohne Kohle« wirbt, wirklich, was er verspricht? Wie lässt sich feststellen, ob ein Fonds wirklich nachhaltig ist? Das fragen Sie sich vermutlich auch, sonst würden Sie dieses Buch wohl nicht lesen.

Im folgenden Kapitel finden Sie Antworten und können nachlesen, warum gemanagte Fonds trotz ihrer höheren Kosten manchmal doch besser sein können als ETFs, zumindest in puncto Nachhaltigkeit – und warum sich auch die Renditen etlicher »grüner Alternativen« durchaus sehen lassen können.

3 Nachhaltige Fonds finden: So behalten Anleger den Überblick

Es ist hilfreich, wenn Sie sich am Anfang einige **grundsätzliche Fragen** stellen: In was will ich eigentlich investieren? Reicht es mir, weder Anbieter von Streubomben noch Kinderarbeit zu unterstützen und kein Geld in fossile Energieträger zu investieren? Oder will ich etwas Bestimmtes verbessern? Und welche Kompromisse bin ich bereit einzugehen?

Auf diese Fragen sollten Sie sich zunächst Ihre **persönliche Antwort** überlegen. Wenn Sie wissen, wie Sie Ihrer Geldanlage einen Sinn geben, was Sie unterstützen wollen und was Ihnen wichtig ist, haben Sie eine Basis für Ihre Fondssuche. Denn eines sollte Ihnen bewusst sein – und das bestätigen auch Banker und Vermögensverwalter oft hinter vorgehaltener Hand: Noch immer gibt es leider viele Produktanbieter, die den **Nachhaltigkeitsansatz als reines Marketinginstrument** sehen.

Aber der Reihe nach: Unter dem Label »nachhaltig« angepriesene aktiv gemanagte Fonds bzw. **Exchange Traded Funds** (ETFs), die die Kursentwicklung eines bestimmten Börsenindex passiv widerspiegeln, sind häufig an den drei Buchstaben **ESG** zu erkennen. E steht für »**Environmental**« (Umwelt), S für »**Social**« (Soziales) und G für »**Governance**« (Unternehmensführung).

In diesen Fonds sollen vor allem Aktien von Unternehmen enthalten sein, die die **Umwelt möglichst wenig schädigen,** sich **sozial vorbildlich** verhalten – etwa bei den Arbeitsbedingungen für ihre Mitarbeiter – und auf eine **gute Unternehmensführung** Wert legen, beispielsweise durch die Förderung von Frauen in Führungspositionen.

Es geht also nicht nur um Klimaschutz und den Schutz des Planeten, sondern auch um Menschenrechte oder die Frage, ob ein Unternehmen Kinderarbeit duldet. Bislang reichte oft schon die Erwähnung der Buchstabenkombination ESG im Namen, damit ein Fonds als nachhaltig wahrgenommen wurde.

Um diese Praxis stärker zu regulieren, gelten nun neue Vorschriften: Seit dem 3.4.2025 gelten strengere Richtlinien für Fondsnamen, die Begriffe wie »**ESG**« oder »**Nachhaltigkeit**« verwenden. Diese neuen Vorschriften der **Europäischen Wertpapier- und Marktaufsichtsbehörde** (ESMA) sollen Greenwashing verhindern und mehr Transparenz schaffen. Fonds, die solche Begriffe im Namen tragen, müssen dann mindestens 80 % ihres Vermögens in Anlagen investieren, die den beworbenen ökologischen oder sozialen Merkmalen bzw. den nachhaltigen Anlagezielen des Fonds entsprechen, und ihre Anlagestrategien klar kommunizieren. Dies bedeutet, dass einige Fonds ihre Portfolios anpassen oder ihre Bezeichnungen ändern müssen, falls sie die neuen Standards nicht erfüllen. Für neu aufgelegte Fonds gelten die Regeln sofort, bestehende Fonds haben eine Übergangsfrist zur Anpassung.

Wirbt ein Fonds etwa damit, nach dem sogenannten »**Best-in-Class«-Ansatz** nur in die nachhaltigsten Unternehmen jeder Branche das Geld der Anlegenden zu stecken, muss das für mindestens 80 % seiner gesamten Investitionen zutreffen. Außerdem gilt für alle Fonds, die unter die Richtlinie fallen, dass sie aus ihrem Portfolio bestimmte Unternehmen ausschließen müssen. Dazu gehören unter anderem Hersteller international geächteter Waffen wie zum Beispiel Streumunition, Unternehmen, die wesentlich im Tabakanbau oder -vertrieb tätig sind, und Unternehmen, die gegen grundlegende internationale Normen wie die Prinzipien des UN Global Compact verstoßen.

Es könnte sich also in Sachen Transparenz etwas tun, obwohl Fortschritte eher im Schneckentempo daherkommen. **Greenwashing** wird womöglich schwieriger. Und vielleicht sind in ein paar Jahren die Zeiten vorbei, die die Fachleute vom Internetportal **ECO-reporter** einmal so beschrieben: »ESG werde in der Finanzbranche »mittlerweile inflationär verwendet, seit Marketingleute glauben, Finanzprodukte würden sich wie von selbst verkaufen, wenn man sie nachhaltig nennt«.

Die eben skizzierten Fortschritte ändern aber nichts daran, dass Sie schon genau hinschauen müssen, wenn Sie wissen wollen, was Sie sich ins Depot legen. Das Gute dabei: Sie werden dabei nicht allein gelassen. Nicht nur wir stellen Ihnen in diesem Kapitel noch gut bewertete nachhaltige Fonds und ETFs vor. Wenn Sie mal wieder zu einem bestimmten Angebot mehr wissen wollen und Ihnen einigermaßen klar ist, was Sie wollen oder zumindest auf keinen Fall wollen, können Sie sich bei der Suche helfen lassen.

3.1 Forum nachhaltige Geldanlagen

Das Forum Nachhaltige Geldanlagen (www.forum-ng.org/de) ist der **führende Fachverband für nachhaltige Geldanlagen** in Deutschland, Österreich und der Schweiz. Es zählt über 220 Mitglieder – darunter Banken, Versicherer, Ratingagenturen, Finanzberatende, Wissenschaft, NGOs und Privatpersonen – und setzt sich für mehr Nachhaltigkeit in der Finanzwirtschaft ein.

Zentrale Initiative ist das **FNG-Siegel,** seit 2015 der wichtigste Qualitätsstandard für nachhaltige Investmentfonds im deutschsprachigen Raum. Ausgezeichnet werden Fonds, die strenge ökologische, soziale und ethische Kriterien erfüllen. Ausschluss gilt für umstrittene Geschäftsfelder wie Atomkraft, Kohle, Fracking, Ölsande, Tabak sowie kontroverse Waffen.

Die Prüfung erfolgt unabhängig durch den Verein **Quantitative Strategies & Sustainability** (QSS) in Zusammenarbeit mit der **Advanced Impact Research GmbH** (AIR), einem Universitäts-Spin-off der Uni Hamburg, um Einfluss der Finanzbranche auszuschließen. Fondsanbieter reichen ihre Produkte gegen Gebühr ein, die Bewertung erfolgt nach einem Stufenmodell mit bis zu drei Sternen. Diese spiegeln die Tiefe der Nachhaltigkeitsstrategie, Transparenz und die Lenkungswirkung der Investments wieder.

2025 erhielten 222 Fonds das **FNG-Siegel,** davon 108 die Höchstwertung von drei Sternen. Wichtig: Nicht alle Anbieter nachhaltiger Fonds beantragen das Siegel, die Liste bildet also nicht den gesamten Markt ab. Zusätzlich weist das FNG aus, ob Fonds gemäß der EU-Offenlegungsverordnung als Artikel 8 (nachhaltige Merkmale) oder Artikel 9 (nachhaltige Ziele) klassifiziert sind.

3.2 Stiftung Warentest

Die Stiftung Warentest verschärfte 2024 ihre Prüfkriterien für Fonds, um Anlegern mehr Orientierung im **Kampf gegen Greenwashing** zu geben. Unter dem Motto »Wer nicht nachhaltig ist, fliegt raus« läuft die Prüfung zweistufig:

- **Ausschluss strittiger Branchen:** Fonds mit Investments in Atomwaffen, Kohle, Tabak oder Atomkraft scheiden sofort aus.
- **Portfolioprüfung:** Fonds werden ausgeschlossen, wenn sie Firmen halten, die etwa hohe Gas- und Ölreserven besitzen oder in Waffen, Glücksspiel, Pornografie oder Gentechnik-Landwirtschaft tätig sind. Auch Verstöße gegen internationale Standards wie OECD-Leitlinien oder den UN Global Compact führen zum Aus.

Im jüngsten Test fielen von 1.020 Fonds 601 direkt durch. Die verbleibenden Anbieter beantworteten einen über 100 Fragen umfassenden Katalog – große Häuser wie Allianz, Fidelity, DWS und UBS verweigerten die Teilnahme.

Die **Bewertung** kombiniert zu je 50 % die Strenge der Ausschlusskriterien sowie Aspekte wie Nachvollziehbarkeit der Auswahlprozesse, Vorhandensein unabhängiger Beiräte und die **Einhaltung der EU-Taxonomie.** Die Skala reicht von null bis fünf Nachhaltigkeitspunkten; ab zwei Punkten gilt ein Fonds bei Warentest als nachhaltig. Ergebnis: Strenge Fonds sind oft teurer, während günstige grüne ETFs meist weniger umfassende Kriterien anlegen.

! Die vollständigen Ergebnisse sind auf der Webseite der Stiftung Warentest einsehbar. Interessierte Anleger können dort die detaillierte Bewertung ihres Wunschfonds prüfen.

3.3 Internetportal ECOreporter

Das Internetportal **ECOreporter** ist ein Branchendienst von Journalisten, die sich auf nachhaltige Geldanlagen spezialisiert haben. Neben fundierten Berichten vergibt ECOreporter auch ein eigenes Nachhaltigkeitssiegel, das Anlegern Orientierung im wachsenden Markt für nachhaltige Finanzprodukte geben und vor sogenanntem **Greenwashing** schützen soll. Dieses Siegel wird nicht nur für Fonds und ETFs, sondern auch für Banken und Versicherungen verliehen. Eine zentrale Voraussetzung für die Vergabe: Das Kerngeschäft des jeweiligen Anbieters muss nachhaltig sein und definierte Mindeststandards einhalten.

Banken müssen beispielsweise bei ihren Krediten oder Eigenanlagen Investitionen in kontroverse Geschäftsfelder wie Atomenergie, Waffen oder ausbeuterische Kinderarbeit ausschließen. Für Fonds und ETFs gelten ebenfalls klare Ausschlusskriterien, darunter fossile Energieträger wie Kohle und Öl, aber auch Fracking, Ölsande, Gentechnik in der Landwirtschaft, Tierversuche oder Glücksspiele. Nur Anbieter, die diese umfassenden Anforderungen erfüllen, können das Siegel erhalten.

ECOreporter untersucht nicht nur die Nachhaltigkeit der Finanzprodukte, sondern bewertet zusätzlich deren **Wertentwicklung, Kosten** und **Risikoprofil.** Dabei kommt ein **transparentes Notensystem** zum Einsatz, das finanzielle wie nachhaltige Aspekte berücksichtigt. Die Gesamtnote setzt sich zu gleichen Teilen aus einer Finanznote und einer Nachhaltigkeitsnote zusammen.

Seit der Einführung des Siegels im Jahr 2016 wurden nur wenige Fonds und ETFs ausgezeichnet. Aktuell tragen 52 Finanzprodukte das ECOreporter-Siegel, was die hohen Anforderungen unterstreicht. Die Redaktion entscheidet unabhängig über die Prüfung von Produkten und bezieht dabei auch Vorschläge der Leserschaft ein.

! Interessierte Anleger können auf der Webseite von ECOreporter eine Liste aller ausgezeichneten Produkte sowie die detaillierten Testberichte einsehen. So lässt sich gezielt prüfen, ob ein Finanzprodukt den persönlichen Anlage- und Nachhaltigkeitskriterien entspricht.

3.4 Weitere Informationsquellen

Wer sich mit nachhaltigen Fonds beschäftigt, findet inzwischen **weitere verschiedene Analyse- und Bewertungsportale,** die zusätzliche Orientierung bieten.

- **Faire Fonds:** Die Umwelt- und Menschenrechtsorganisationen Facing Finance und Urgewald betreiben das Portal »Faire Fonds«. Dort werden über 4.500 Fonds analysiert, um festzustellen, ob sie in kontroverse Unternehmen investieren. Dazu zählen Firmen, denen Verstöße gegen Menschenrechte, Umweltzerstörung oder Korruption vorgeworfen werden. Nutzer können die internationale Wertpapierkennnummer (ISIN) eines Fonds eingeben und sehen den Anteil solcher als kritisch eingestuften Investitionen. Grundlage sind externe Listen wie die Ausschlussliste des norwegischen Pensionsfonds oder die Global Coal Exit List (GCEL).

- **Morningstar Sustainability Rating:** Morningstar vergibt Nachhaltigkeitsnoten in Form von Globen (1 bis 5). Ein Fonds mit fünf Globen schneidet besonders gut ab. Bewertet werden Risiken in den Bereichen Umweltbilanz, soziale Verantwortung und Unternehmensführung (ESG-Kriterien). Die Bewertung erfolgt zwar relativ innerhalb einer Vergleichskategorie, wurde aber 2022 auf ein absolutes Bewertungssystem umgestellt. Die Anzahl der Globen hängt nun von einem Gesamt-ESG-Risiko-Score ab, nicht mehr von der prozentualen Platzierung. Die Daten der Rating-Agentur Sustainalytics bilden die Grundlage für diese Bewertungen.
- **Digitale Weltkarte von Globalance Invest:** Die Schweizer Vermögensverwaltung Globalance bietet eine digitale Weltkarte an, auf der Anleger den ökologischen Fußabdruck einzelner Unternehmen und Märkte einsehen können. Neben dem Klimabeitrag zeigt die Plattform auch die Ausrichtung auf wichtige Megatrends und den Anlageerfolg an. Dieses Tool ermöglicht es Anlegern, ihre Portfolios hinsichtlich ihrer Zukunftsfähigkeit und Nachhaltigkeit einfach zu analysieren.

Jeder Anbieter nutzt **eigene Bewertungsmaßstäbe,** was zu unterschiedlichen Ergebnissen führen kann. Während ein Fonds bei Anbieter A als nachhaltig gilt, könnte Anbieter B dies anders bewerten. Die hier vorgestellten Analysewerkzeuge und Siegel helfen aber auf jeden Fall, sich in dem noch immer wenig transparenten Markt nachhaltiger Geldanlagen zu orientieren.

Das führt zu der Frage, die Sie sich wahrscheinlich schon längst gestellt haben: Wie gehen die Anbieter von nachhaltigen Fonds eigentlich beim Anlegen des Kundengelds vor?

4 So wählen die Index- und Fondsanbieter die Unternehmen aus

Sowohl bei aktiv gemanagten Fonds wie bei ETFs ist der »**Best-in-Class**«-**Ansatz** weit verbreitet. Dabei werden Unternehmen ausgewählt, die innerhalb ihrer Branche in Bezug auf Nachhaltigkeit führend sind und besonders hohe Standards in den Bereichen Umwelt, Soziales und Unternehmensführung (ESG-Kriterien) erfüllen.

4.1 Ein Beispiel für aktiv gemanagte Fonds

Die **Fondsgesellschaft der Sparkassen,** die **Deka,** bietet drei Fonds in ihrer Produktfamilie »**DividendenStrategie**« an:

- den **Deka-DividendenStrategie Europa,**
- einen weltweit anlegenden **Deka-DividendenStrategie** und
- eine nachhaltige Variante, den **Deka-Nachhaltigkeit DividendenStrategie.**

Alle drei Fonds setzen auf **Aktien mit überdurchschnittlicher Dividendenqualität.** Bei den ausgewählten Titeln sollten gute Aussichten bestehen, dass die Gewinne in Zukunft steigen und sich die Dividendenzahlungen erhöhen.

Der Unterschied: Die nachhaltige Fondsvariante hat laut Fondsportrait auf der Deka-Homepage zwar »kein nachhaltiges Investitionsziel, bewirbt allerdings sowohl ökologische als auch soziale Merkmale«. Sie fällt deshalb unter Artikel 8 der **EU-Offenlegungsverordnung.**

Kurz zur Erklärung: Ein Finanzprodukt, das unter **Artikel 8 der EU-Offenlegungsverordnung** (Sustainable Finance Disclosure Regulation, SFDR) fällt, wird auch als »**hellgrünes Produkt**« bezeichnet. Es handelt sich dabei um Anlageprodukte, die neben klassischen finanziellen Zielen ausdrücklich ökologische und/oder soziale Merkmale berücksichtigen. Dabei verpflichten sich die Anbieter, diese Merkmale bei der Investitionsentscheidung systematisch einzubeziehen und transparent offenzulegen, wie sie umgesetzt und überwacht werden.

Anders als bei Produkten nach Artikel 9 (dunkelgrün), die ein nachhaltiges Investieren als zentrales Ziel verfolgen, genügt es bei Artikel-8-Produkten, dass nachhaltigkeitsbezogene Aspekte »beworben« werden – etwa durch die Auswahl bestimmter Branchen, den Ausschluss kontroverser Geschäftsfelder oder die Berücksichtigung von ESG-Kriterien.

Bei Deka heißt es weiter: »Zusätzlich verfolgt der Fonds die Strategie, sich an Unternehmen zu beteiligen, die ein nachhaltiges Wirtschaften anstreben. Dabei werden nur Wertpapiere berücksichtigt, die unseren Grundsätzen der Nachhaltigkeit entsprechen«. Mindestens 61 % des Fondsvermögens werden nach ESG-Kriterien (Umwelt, Soziales und Unternehmensführung) verwaltet.

Ausgeschlossen sind Branchen, die maßgeblich zum Klimawandel, zur sozialen Ungleichheit oder zu kriegerischen Konflikten beitragen. Investitionen in Staaten, die keine Verfahren guter Staatsführung anwenden – etwa durch Einschränkung politischer Rechte oder bürgerlicher Freiheiten – sind ebenfalls ausgeschlossen.

Nach dem sogenannten **»Best-in-Class«-Ansatz** umfasst der **Deka-Nachhaltigkeit DividendenStrategie** etwa 130 Aktien. Zu den größten Positionen zählen Unternehmen wie Apple, Microsoft und UnitedHealth Group.

Wie nachhaltig dieser Fonds nun wirklich ist, hängt davon ab, welche Kriterien herangezogen werden und was man unter nachhaltig versteht. Bei **Morningstar** erhält der Fonds immerhin vier von fünf möglichen Nachhaltigkeitsgloben. Gibt man die ISIN beim Portal »Faire Fonds« ein, spuckt der Rechner aus, dass die Gesamthöhe kontroverser Unternehmensbeteiligungen bei rund 24 % liegt.

Bei »**ECOreporter**« wurde der Fonds noch nicht getestet, vermutlich, weil er für die Tester zu wenig nachhaltig und noch zu jung ist, um überhaupt in die engere Auswahl zu kommen.

Die **Stiftung Warentest** wiederum bewertet die Strenge des Deka-Nachhaltigkeit DividendenStrategie bei der Auswahl von nachhaltigen Unternehmen als »gering«. So bekommt der Fonds nur drei von fünf möglichen Nachhaltigkeitspunkten in deren Analyse. Ein **FNG-Siegel** hat der Fonds ebenfalls nicht.

Man könnte dies bei Hunderten Fonds durchspielen. Das Ergebnis wird zumindest bei vielen »hellgrünen« Fonds zeigen:

> **!** Beim Thema Nachhaltigkeit gibt es eine große Grauzone. Was unter nachhaltig firmiert, hängt stark davon ab, wie die Fondsgesellschaft und ihre Fondsmanager dies interpretieren und welche Maßstäbe wiederum die Tester und Prüfer heranziehen.

4.2 Ein Beispiel für passive Fonds (ETFs)

Auch viele **nachhaltige Aktien-ETFs** sind nach dem **»Best-in-Class«-Verfahren** zusammengesetzt. Dabei werden meist nach einem bestimmten, vom Anbieter abhängigen System aus einem konventionellen Index die nachhaltigsten 25 %, 50 % oder 80 % der Aktien jeder Branche herausgesiebt. Nicht selten orientieren sich die Anbieter an einem Index, den sie selbst mit Hilfe von anderen Finanzdienstleistern zusammengebaut haben und der sich mit den Kriterien der Kapitalanlagegesellschaft in puncto Nachhaltigkeit deckt.

Besonders viele, auch nachhaltig orientierte Anleger, folgen mit ihren ETFs bestimmten Weltindizes, um – wie von Experten oft empfohlen – weltweit in verschiedene Länder, Branchen und Unternehmen zu investieren. Ziel ist es, das Risiko zu streuen und so zu minimieren. Viele setzen dabei auf ETFs, die Indizes des Marktführers MSCI abbilden.

Der bekannte Weltindex **MSCI World** umfasst in seiner konventionellen Variante über 1.300 Unternehmen aus 23 Industriestaaten. Die nachhaltigen Varianten des Index schließen jedoch bestimmte Unternehmen aus:

- **MSCI World ESG Screened:** Schließt rund 110 Unternehmen aus, die beispielsweise mit kontroversen Waffen, Tabak oder fossilen Brennstoffen in Verbindung stehen.
- **MSCI World ESG Enhanced:** Hier werden knapp 130 Unternehmen ausgeschlossen, wobei ein stärkerer Fokus auf eine Reduktion der CO_2-Intensität gelegt wird.
- **MSCI World SRI:** Die strengste Variante, bei der nur rund 400 Unternehmen übrigbleiben. Sie basiert auf einem »Best-in-Class«-Ansatz und berücksichtigt nur die nachhaltigsten 25 % der Unternehmen jedes Sektors.
- Eine besonders strenge Variante ist der **»MSCI World SRI Low Carbon Select 5 % Issuer Capped Index«.** Dieser basiert auf dem MSCI World und schließt über 1.000 Unternehmen aus, so dass nur etwas mehr als 300 verbleiben. Der Fokus liegt hier besonders auf einer niedrigen Kohlenstoffbelastung. Zudem darf kein einzelnes Unternehmen mehr als 5 % des Portfolios ausmachen.

Trotz der strengen Auswahl finden sich unter den zehn größten Positionen dieses Indexes bekannte Namen wie Apple, Microsoft und Nvidia. Diese Indizes dienen als Basis für zahlreiche ETFs verschiedener Anbieter.

Hersteller von Chemiewaffen oder Landminen akzeptieren die Indexmacher nicht in ihrem Warenkorb. Anbieter von Tabak, Glücksspielen und Alkohol sind hingegen nicht kategorisch ausgeschlossen, wenn nur ein kleiner Teil des Umsatzes darauf entfällt. Dafür werden in den Index nur Firmen aufgenommen, die keinen Umsatz mit Kohle zur Stromerzeugung machen.

Öl- und Gasförderung ist ebenfalls nicht erlaubt. Hier ziehen die Indexmacher eine klare Grenze, während viele andere vermeintlich nachhaltige Indizes »braune Schlupflöcher« enthalten, die 5 % oder gar 10 % Umsatz mit fossilen Energien noch tolerieren. Allerdings wird metallurgische Kohle (Kokskohle) für Stahlhochöfen nicht ausgeschlossen, da klimafreundlichere Alternativen derzeit noch nicht in der Breite marktreif sind. Sie sehen schon: Auch hier ist Nachhaltigkeit wieder eine Frage der Interpretation.

5 Was die Testergebnisse über die Nachhaltigkeit der Fonds und ETFs verraten

Wenn Ihnen das alles zu mühsam ist und Sie nicht lange Listen von Beteiligungen in Halbjahresberichten lesen möchten, können Sie sich bei der Auswahl an **bisherigen Testergebnissen** orientieren. Diese bescheinigen jedoch nur wenigen global anlegenden Aktienfonds und Aktien-ETFs, wirklich nachhaltig zu sein.

Beginnen wir mit der **Stiftung Warentest:** Beim jüngsten großen Testbericht erhielten nur elf von 1.020 Fonds und ETFs, die die Stiftung am Anfang für die Untersuchung heranzog, die Bestnote von fünf möglichen Punkten. Von diesen elf Fonds waren acht alt genug, um ihren Anlageerfolg bewerten zu können. Diese acht weltweit anlegenden Fonds waren fast ausschließlich aktiv gemanagte Fonds:

- **terrAssisi Aktien von Ampega:** Ein ethisch ausgerichteter Fonds, der nach den Grundsätzen des Franziskanerordens investiert und in den vergangenen fünf Jahren eine Performance von 69,12 % erzielte.
- **Bantleon Global Challenges Index:** Ein Indexfonds, der den Global Challenges Index abbildet und Unternehmen mit nachhaltigen Geschäftsmodellen berücksichtigt.
- **GLS Bank Aktienfonds von Universal:** Setzt auf zukunftsweisende Branchen wie erneuerbare Energien und nachhaltige Mobilität mit strengen Positivkriterien.
- **Green Effects NAI-Werte von Bridge:** Investiert ausschließlich in Unternehmen des Natur-Aktien-Index (NAI), die ethische und ökologische Standards erfüllen.
- **Prima Global Challenges:** Setzt auf Unternehmen mit höchsten Nachhaltigkeitsstandards gemäß Artikel 9 der EU-Offenlegungsverordnung (SFDR).
- **Ökovision Classic von Ökoworld:** Einer der ältesten Nachhaltigkeitsfonds mit strengen ökologischen und sozialen Ausschlusskriterien.

- **Superior 6 Global Challenges von Security:** Dieser Fonds ist ein aktiv gemanagter Aktienfonds, der sich auf Unternehmen konzentriert, die im Global Challenges Index enthalten sind. Dieser Index umfasst 50 Unternehmen, die wesentliche Beiträge zur Bewältigung globaler Probleme leisten.
- **Triodos Global Equities Impact:** Investiert in Unternehmen mit überdurchschnittlichen sozialen und ökologischen Leistungen und wurde mit dem FNG-Siegel ausgezeichnet.

Wer auf strenge Nachhaltigkeit achtet und eine **Beimischung für sein Fondsdepot** sucht, etwa mit Aktien aus Europa oder den Schwellenländern, findet bei der **Stiftung Warentest** ebenfalls mehrere aktiv gemanagte Fonds, die mindestens vier Nachhaltigkeitspunkte erreicht haben. Diese sind:

- **Erste Responsible Stock Europa:** Ein europäischer Aktienfonds mit Schwerpunkt auf nachhaltige Unternehmen.
- **LBBW Nachhaltigkeit Aktien:** Investiert europaweit in Unternehmen mit überdurchschnittlichen Nachhaltigkeitsratings im sogenannten »Best-in-Class«-Ansatz, bei dem die nachhaltigsten Unternehmen einer Branche ausgewählt werden.
- **Liga-Pax-Aktien-Union:** Ein europäischer Aktienfonds mit Fokus auf ethisch einwandfreie Investments.
- **Fondita Sustainable Europe:** Der Fonds investiert in Unternehmen, die durch ihre Produkte oder Dienstleistungen zur Reduzierung von CO_2-Emissionen und zur effizienten Nutzung natürlicher Ressourcen beitragen.
- **Acatis Fair Value Deutschland:** Fokussiert auf substanzstarke deutsche Unternehmen mit nachhaltigen Geschäftsmodellen.
- **Ökoworld Growing Markets 2.0:** Investiert in Schwellenländerunternehmen mit Fokus auf soziale und ökologische Kriterien.

Schaut man sich nun die Testergebnisse von **ECOreporter** an, deckt sich dies nur teilweise mit der Einschätzung der Stiftung: So haben bei den aktiv gemanagten Aktienfonds in den Analysen seit 2019 die folgenden Fonds hinsichtlich ihrer Nachhaltigkeit am besten abgeschnitten. Darunter sind aber ebenfalls Fonds, die nicht global anlegen.

- Ethius Global Impact,
- UmweltSpektrum Mensch/Natur,
- GLS Bank Klimafonds,
- Erste (WWF) Stock Environment,
- Kinder Perspektivenfonds,
- UmweltSpektrum Mix A,
- GLS Bank Aktienfonds,
- Murphy&Spitz Umweltfonds Deutschland,
- B.A.U.M. Fair Future Fonds,
- Erste Green Invest und
- Triodos Pioneer Impact Fund.

Nachhaltige ETFs schneiden in puncto Nachhaltigkeit bei ECOreporter und Stiftung Warentest generell weniger gut ab. Sie erreichen meist nur die Bewertung »mittelgrün« (drei Nachhaltigkeitspunkte). Dies bedeutet laut den Testern, dass sie einen Kompromiss zwischen Nachhaltigkeit und Anlageerfolg darstellen.

Die **Stiftung Warentest** hat mehrere nachhaltige ETFs identifiziert, die sie als »erste Wahl« bezeichnet, da sie einen **dauerhaft guten Anlageerfolg** bieten. Zu diesen gehören:

- BNP Paribas Easy MSCI World SRI S-Series PAB 5 % Capped,
- Amundi MSCI World SRI Filtered PAB,
- Amundi MSCI ACWI SRI Filtered PAB,
- Invesco MSCI World ESG Climate Paris Aligned Benchmark Select,
- UBS MSCI World SRI Low Carbon Select 5 % Issuer Capped,
- UBS MSCI ACWI SRI Low Carbon Select 5 % Issuer Capped,
- iShares MSCI World SRI Select Reduced Fossil Fuels, und
- iShares ACWI World SRI Select Reduced Fossil Fuels
- Xtrackers MSCI World Low Carbon SRI Leaders.

Für Anleger, die europäische Märkte bevorzugen, sind folgende nachhaltige Aktien-ETFs mit **Schwerpunkt Europa** als »erste Wahl« eingestuft:

- Amundi MSCI Europe SRI Filtered PAB,
- BNP Paribas Easy MSCI Europe SRI S-Series PAB 5 % Capped,
- BNP Paribas Easy Low Carbon 100 Europe PAB,
- UBS MSCI Europe SRI Low Carbon Select 5 % Issuer Capped,
- Invesco MSCI Europe ESG Climate Paris Aligned Benchmark Select,
- iShares MSCI Europe SRI Select Reduced Fossil Fuels,
- Xtrackers MSCI Europe Low Carbon SRI Leaders und
- Invesco MSCI Europe Selected Catholic Principles ESG Leaders 10/40.

Für nachhaltig orientierte Anleger, die **Schwellenländer** einbeziehen möchten, stehen folgende ETFs zur Auswahl:

- Amundi MSCI EM SRI Filtered PAB,
- UBS MSCI EM SRI Low Carbon Select 5 % Issuer Capped,
- Invesco Emerging Markets ESG Climate Paris Aligned Benchmark, Select,
- iShares EM SRI Select Reduced Fossil Fuels und
- Xtrackers MSCI EM Low Carbon SRI Leaders.

! Die Bewertung der ETFs basiert auf einem Kompromiss zwischen strengen Nachhaltigkeitskriterien und dem Ziel eines stabilen Anlageerfolgs. Sie erfüllen oft weniger strenge Ausschlusskriterien als aktiv gemanagte Fonds und nutzen häufig das »Best-in-Class«-Prinzip.

Bei den **global anlegenden ETFs** schneiden bei **ECOreporter** drei Produkte mit am besten ab. Wir stellen sie nachfolgend vor, ohne damit eine Anlageempfehlung zu verbinden. Die finale Entscheidung müssen Sie selbst treffen.

5.1 Der Nachhaltigkeitspionier: UmweltBank UCITS ETF – Global SDG Focus

Die UmweltBank aus Nürnberg engagiert sich seit Jahren für ökologische Projekte in den Bereichen Sonnen- und Windenergie, Niedrigenergie-Bauweise sowie ökologische Landwirtschaft und trägt so aktiv zum Umweltschutz bei. Ihr erster ETF, der **UmweltBank UCITS ETF - Global SDG Focus** (ISIN: LU2679277744), folgt ebenfalls strengen Nachhaltigkeitskriterien. Dieser thesaurierende ETF wurde am 1.7.2024 aufgelegt und bildet die Kursentwicklung des Solactive UmweltBank Global Investable Universe SDG PAB Index ab, der nach Vorgaben der UmweltBank vom Frankfurter Dienstleister Solactive erstellt wird.

Kosten und Struktur

Die **laufenden Gebühren** (TER) des ETFs betragen 0,80 % pro Jahr, was im Vergleich zu anderen nachhaltigen ETFs im oberen Bereich liegt. Aktuell wurden rund 130 Unternehmen aus dem zugrunde liegenden Index ausgewählt wurden. Bei steigendem Fondsvolumen ist geplant, weitere Aktien aus dem Index hinzuzufügen, sofern diese die Nachhaltigkeitsanforderungen erfüllen.

Nachhaltigkeitsansatz

Der ETF orientiert sich an den **17 Zielen für nachhaltige Entwicklung** (SDGs) der **Vereinten Nationen.** Zu den fünf wichtigsten Zielen zählen laut UmweltBank: Gesundheit und Wohlergehen, bezahlbare saubere Energie, weniger Ungleichheit, nachhaltige Städte und Gemeinden sowie Maßnahmen zum Klimaschutz.

Unternehmen werden von der **Nachhaltigkeits-Ratingagentur ISS ESG** geprüft. Dabei müssen sie nicht nur einen positiven Beitrag zu den SDGs leisten, sondern auch strenge Ausschlusskriterien erfüllen. Ausgeschlossen sind unter anderem Unternehmen aus den Bereichen Waffenhandel, Kohle-, Öl- und Gasförderung, Atomenergie, Gentechnik in der Landwirtschaft sowie solche, die gegen den UN Global Compact verstoßen (z.B. durch Menschenrechtsverletzungen).

Zusätzlich muss die **CO_2-Intensität** der im ETF enthaltenen Unternehmen um mindestens 50 % niedriger sein als die des globalen Aktienmarktes. Diese Emissionsintensität soll jährlich um weitere 7 % reduziert werden.

Kritikpunkte

Trotz seines strengen Nachhaltigkeitsansatzes ist der ETF nicht frei von Kritik. Einige enthaltene Unternehmen stammen aus Ländern wie **China** oder **Saudi-Arabien,** die aufgrund von Menschenrechtsverletzungen und autoritären Regimen nicht mit ESG-Kriterien vereinbar scheinen. Beispiele hierfür sind der chinesische Immobilienentwickler **Yuexiu Property** oder **Saudi Telecom.** Positiv hervorzuheben ist jedoch das Engagement der UmweltBank bei Hauptversammlungen: Sie nutzt ihre Stimmrechte aktiv, um mit Unternehmen über deren Nachhaltigkeitsstrategien zu diskutieren – ein Ansatz, der bei vielen anderen ETF-Anbietern fehlt.

Fazit: Ein ETF, bei dem auf Klima- und Naturschutz pochende Anlegende fast keine Kompromisse machen müssen. Die Nachhaltigkeitsnote bei **ECOreporter** lautet 1,7. Stiftung Warentest hat noch keine Nachhaltigkeitsnote vergeben und Morningstar noch keine Globen. Bei »Faire Fonds« ist der ETF bisher nicht gelistet.

5.2 Der BNP Paribas Easy Low Carbon 300 World PAB

Der **BNP Paribas Easy Low Carbon 300 World PAB UCITS ETF** (ISIN: LU2194449075) ist ein thesaurierender ETF aus dem Hause **BNP Paribas Easy,** einer Marke der französischen Großbank BNP Paribas. Der ETF bildet den **Euronext Low Carbon 300 World PAB Index** nach, dessen Vorgaben von BNP Paribas stammen. Die Aktienauswahl basiert auf Daten der US-amerikanischen Nachhaltigkeits-Ratingagentur **Moody's ESG Solutions.** Die Abkürzung PAB steht für »Paris-Aligned Benchmark«, was signalisiert, dass die Anlageziele mit den Pariser Klimazielen im Einklang stehen sollen.

Hauptziel ist es, die Erderwärmung auf maximal 1,5 Grad im Vergleich zum vorindustriellen Zeitalter zu begrenzen.

Nachhaltigkeitskriterien und Ausschlüsse

Der ETF schließt Unternehmen aus, die in den Bereichen fossile Energieträger (Öl und Kohle), Atomstrom, Uranabbau, Tabakproduktion sowie geächtete Waffen und Atomwaffen tätig sind. Auch Firmen, die Menschenrechte verletzen oder schwerwiegende Umweltschäden verursachen (UN Global Compact), werden ausgeschlossen. Eine Ausnahme bilden Unternehmen mit Umsätzen unterhalb der 5-Prozent-Grenze bei konventionellen Waffen.

Zusätzlich verfolgt der Fonds einen **klimafokussierten Ansatz:**

- Die CO_2-Bilanz der enthaltenen Unternehmen muss mindestens 50 % besser sein als die des nicht nachhaltigen Euronext World Index.
- Eine jährliche durchschnittliche CO_2-Reduktion von mindestens 7 % wird angestrebt.

Kritikpunkte

Nachhaltigkeitsexperten wie **ECOreporter** bemängeln jedoch, dass der ETF auch in Unternehmen investiert ist, die fossile Energieträger oder Rüstungsgüter finanzieren und versichern. Beispiele hierfür sind:

- Der US-Vermögensverwalter BlackRock,
- Die französische Großbank Société Générale,
- Der Schweizer Versicherer Zurich Insurance.

Weitere kontroverse Beteiligungen umfassen:

- Sands China (chinesischer Hotel- und Casinobetreiber),
- Entain (britischer Sportwettenanbieter),
- Alkoholhersteller wie Heineken, Anheuser-Busch InBev und Carlsberg,
- LVMH (französischer Luxusgüterkonzern, der auch Pelzkleidung vertreibt).

Vorteile und Kosten

Positiv hervorzuheben ist das Engagement von BNP Paribas bei **Hauptversammlungen** zu Nachhaltigkeitsthemen durch professionelle Stimmrechtsvertreter. Allerdings bleibt unklar, wie die Bank konkret abstimmt. Mit einer **Gesamtkostenquote** (TER) von 0,31 % liegt der ETF nur knapp über dem Durchschnitt herkömmlicher Aktien-ETFs.

Bewertungen

Die **Nachhaltigkeitsbewertung** des ETFs fällt sehr unterschiedlich aus:

- **ECOreporter** vergibt eine Note von 2,7.
- **Stiftung Warentest** bewertet den ETF mit nur zwei von fünf Punkten, unter anderem wegen Beteiligungen im Glücksspielsektor (z.B. Sands China, Entain).
- **Morningstar** zeichnet den Fonds hingegen mit fünf Nachhaltigkeitsgloben aus.
- Laut »**Faire Fonds**« beträgt der Anteil kontroverser Firmenbeteiligungen mehr als 18 %.

Diese stark voneinander abweichenden Bewertungen zeigen, wie unterschiedlich Nachhaltigkeit von verschiedenen Ratingagenturen definiert und gemessen wird.

Fazit: Im Vergleich zu anderen breit diversifizierten ETFs mit Nachhaltigkeitsmerkmalen schneidet dieser ETF gut ab. Besonders hervorzuheben ist die **konsequente Ausschlussregelung für fossile Energieträger** ohne Schlupflöcher. Dennoch sind einige Beteiligungen kritisch zu hinterfragen.

5.3 Der Rize Environmental Impact 100 UCITS ETF

Der ehemals britische Finanzdienstleister **Rize,** der seit 2023 zum US-Unternehmen ARK Invest gehört, fokussiert sich ausschließlich auf nachhaltige Produkte. Damit unterscheidet er sich von großen Investmentfirmen wie **BlackRock** (iShares) oder **Xtrackers** (DWS), die klassische wie nachhaltige Investments unter einem Dach anbieten. Kritiker halten diese Praxis für wenig glaubwürdig.

Der **Rize Environmental Impact 100 UCITS ETF** (ISIN: IE00BLRPRR04) investiert weltweit in 100 Unternehmen, die aktiv zur Schaffung einer nachhaltigeren Welt beitragen sollen. Grundlage ist der **Foxberry SMS Environmental Impact 100 Index.** Das Konzept des Index folgt einem klaren Prinzip: Unternehmen, deren Geschäftsmodelle nachweislich schädlich für das Klima sind, werden ausgeschlossen, während Firmen mit positivem ökologischem Beitrag aufgenommen werden.

Auswahlkriterien für den Index

In den Index gelangen nur Unternehmen, die mindestens 50 % ihres Umsatzes mit nachhaltigen Geschäftsfeldern wie Klimaschutz, Naturschutz oder Kreislaufwirtschaft erzielen. Tabu sind hingegen Unternehmen, die gegen den UN Global Compact verstoßen oder in kontroverse Geschäftsfelder wie Atomkraft, fossile Energien, Glücksspiel oder Tabak involviert sind. Geschäfte mit Kohle-, Öl- und Gasunternehmen dürfen maximal 10 % des Umsatzes ausmachen.

Orientierung an der EU-Taxonomie

Der ETF orientiert sich an **sechs Umweltzielen der EU-Taxonomie:**

- Eindämmung des Klimawandels,
- Anpassung an den Klimawandel,
- Nachhaltige Nutzung und Schutz von Wasser- und Meeresressourcen,

- Übergang zu einer Kreislaufwirtschaft,
- Vermeidung und Kontrolle von Umweltverschmutzung und
- Schutz und Wiederherstellung der biologischen Vielfalt und Ökosysteme.

Besondere Merkmale

Rize lässt sich auf Hauptversammlungen durch den Stimmrechtsvertreter **International Shareholder Services** (ISS) vertreten und stellt Anlegern auf Anfrage einen Stewardship Report zur Verfügung, der das Abstimmungsverhalten dokumentiert. Zudem bietet Rize eine Übersicht über die Nachhaltigkeitsprofile der im ETF enthaltenen Unternehmen an. Mithilfe standardisierter Fragebögen erhebt Rize freiwillig Daten zu CO_2-Emissionen, Klimarisiken und geplanten Emissionsreduktionen.

Kosten und Bewertung

Die **jährlichen laufenden Kosten** (TER) betragen 0,55 %, was im Vergleich zu aktiv gemanagten Fonds moderat ist. Mit einem Volumen von rund 85 Mio. Euro ist der ETF relativ klein. Bei **ECOreporter** erhielt der ETF die Nachhaltigkeitsnote 1,7, eine der besten Bewertungen unter ETFs. Morningstar vergibt vier von fünf Nachhaltigkeitsgloben. Auch **Stiftung Warentest** hat den ETF geprüft und bewertet seine Nachhaltigkeit als »hoch«. Bei **Faire Fonds** ist der ETF noch nicht gelistet.

Fazit: Der Rize Environmental Impact 100 UCITS ETF ist ein konzeptionell starkes Produkt für nachhaltige ETFs mit globaler Ausrichtung. Mit 100 Aktien ist er jedoch weniger breit diversifiziert als andere Fonds. Die aktive Beteiligung an Hauptversammlungen ist ein Alleinstellungsmerkmal unter passiv gemanagten ETFs.

6 Nachhaltige Geldanlage: Exchange Traded Funds oder aktiv gemanagte Fonds?

Nun fragen Sie sich womöglich, ob Sie bei der nachhaltigen Anlage auf **Exchange Traded Funds** (ETFs) setzen sollten, da diese günstiger als gemanagte Investmentfonds sind. Schließlich schneiden die meisten aktiv gemanagten Aktienfonds schlechter ab als der passende Vergleichsindex. Um es in einem Satz zu beantworten: Es kommt darauf an, was Sie wollen.

6.1 Kostenunterschiede zwischen Exchange Traded Funds und aktiv gemanagten Fonds

Beim Kauf aktiv gemanagter Fonds fallen oft **Ausgabeaufschläge** an, die selbst mit Rabatten die Einstiegskosten deutlich erhöhen. Hinzu kommen **Verwaltungsgebühren,** die meist zwischen 1,5 % und 2 % des Anlagevolumens pro Jahr liegen. Im Vergleich dazu bewegen sich die Kosten für Aktien-ETFs oft deutlich unter 0,5 %, bei nachhaltigen ETFs häufig unter 1 %. Diese Gebührenunterschiede wirken sich erheblich auf Ihre Rendite aus. Ein Beispiel: Bei einer Anlage von 100.000,– € bedeuten 1,5 % Gebühren jährlich 1.500,– € weniger, die Ihnen für den Zinseszinseffekt fehlen.

6.2 Nachhaltigkeit und Flexibilität: ETFs vs. aktiv gemanagte Fonds

Wenn Sie als nachhaltig orientierter Anleger Wert auf eine gezielte Auswahl legen, bieten aktiv gemanagte Fonds einen Vorteil: Sie können Fonds auswählen, deren **Nachhaltigkeitskriterien** genau Ihren Vorstellungen entsprechen. Beispielsweise könnten Sie Unternehmen ausschließen, die in Atomkraft tätig sind, falls Sie diese Branche als umweltschädlich ansehen. Aktiv gemanagte Fonds ermöglichen zudem eine aktive Einflussnahme auf Unternehmensführungen durch Engagement und Stimmrechtsausübung.

Nachhaltige ETFs hingegen nutzen meist **ESG-Kriterien** (Environmental, Social, Governance), um ihre Portfolios zusammenzustellen. Allerdings sind sie an die Zusammensetzung des zugrunde liegenden Index gebunden, was bedeutet, dass auch Unternehmen enthalten sein können, die nicht den höchsten Nachhaltigkeitsstandards entsprechen. Dies schränkt die Tiefe der Nachhaltigkeitsfilterung im Vergleich zu aktiv gemanagten Fonds ein.

6.3 Langfristige Performance und Risiko

Statistisch gesehen schneiden ETFs langfristig oft besser ab als aktiv gemanagte Fonds. Studien zeigen, dass etwa 90 % der aktiven Fonds über Zeiträume von fünf Jahren oder mehr unterhalb der Marktrendite bleiben. Auch in Krisenzeiten gelingt es aktiven Managern nur selten, Verluste signifikant zu dämpfen. Dies hängt unter anderem damit zusammen, dass die Mehrzahl der Manager mit denselben Marktentwicklungen konfrontiert ist und nur wenige dauerhaft einen systematischen Vorteil erzielen können.

6.4 Entscheidung nach Prioritäten

Die **Wahl zwischen ETFs und aktiv gemanagten Fonds** hängt von **Ihren individuellen Zielen** ab:

- **ETFs:** Niedrige Kosten und breite Diversifikation machen sie ideal für Anleger, die kosteneffizient investieren möchten und keine gezielte Steuerung der Nachhaltigkeitskriterien benötigen.
- **Aktiv gemanagte Fonds:** Höhere Kosten sind gerechtfertigt, wenn Sie Wert auf eine individuelle Ausrichtung Ihrer nachhaltigen Investments legen und bereit sind, für potenziell strengere Kriterien mehr zu zahlen.

! Eine Kombination aus beiden Ansätzen kann ebenfalls sinnvoll sein: Nutzen Sie ETFs für eine kostengünstige Basisdiversifikation und ergänzen Sie diese mit gezielt ausgewählten nachhaltigen Fonds.

ECOreporter hatte in Tests etwa 140 ETFs getestet, die als nachhaltig verkauft wurden. Das Ergebnis war ernüchternd: Häufig fanden die Fachleute in den ETFs Unternehmen, die nicht den Erwartungen nachhaltiger Anleger entsprechen. Dazu zählten Ölkonzerne, die weiterhin mit fossiler Energie handeln, Anbieter von Massenvernichtungswaffen oder gentechnisch verändertem Saatgut – letzteres gilt für viele nachhaltig orientierte Anleger als problematisch. Auch Anleihen von Staaten wie Saudi-Arabien, China oder Katar, die fossile Brennstoffe fördern und Menschenrechte verletzen, tauchten in den Portfolios auf.

6.5 Themen-ETFs und Greenwashing

Selbst bei Themen-ETFs, die vermeintlich auf grüne Investments setzen, entdeckten die Tester problematische Inhalte. Ein Beispiel ist der **iShares Global Clean Energy ETF** von **BlackRock.** Der ETF, dessen Name auf saubere Energie hinweist, wurde nach einer Erweiterung des Aktienkorbs im Jahr 2021 kritisch bewertet: Unter den damals neu hinzugefügten Unternehmen erzeugten einige Strom aus Kohle oder Uran.

Aufgrund der Kritik wurden die Aufnahmekriterien für den zugrunde liegenden Index später wieder verschärft, die Problematik des Greenwashings bleibt aber ein wichtiges Thema. So bewertete **ECOreporter** den Fonds in puncto Nachhaltigkeit mit »mangelhaft«.

Die Problematik liegt zudem im sogenannten **»Best-in-Class«-Ansatz:** Hierbei können selbst Unternehmen aus nicht nachhaltigen Branchen wie Öl oder Kohle in einem grünen Index landen, solange sie innerhalb ihrer Branche vergleichsweise weniger schädlich sind.

! Für Anleger bedeutet dies, dass ein »grüner« Fonds nicht automatisch frei von problematischen Branchen ist, sondern lediglich die jeweils »besten« innerhalb einer gesamten Branche berücksichtigt.

6.6 Umsatzschwellen und rechtliche Absicherung

Ein weiteres Problem vieler ETFs sind **Umsatzschwellen.** Diese erlauben es Unternehmen, einen bestimmten Anteil ihres Umsatzes mit kontroversen Geschäftsfeldern wie Rüstung zu erzielen. Dies dient oft der juristischen Absicherung der Fondsanbieter. Selbst strenge Prüfer wie ECOreporter halten niedrige Umsatzschwellen für tolerierbar; hohe Schwellen hingegen sollten Anleger als Warnsignal betrachten.

6.7 Vergleich zu gemanagten Fonds

Im Gegensatz zu ETFs arbeiten manche gemanagten nachhaltigen Fonds mit Beiräten, die die Aktienauswahlen prüfen. Diese Fonds drängen Unternehmen aktiv zu mehr Nachhaltigkeit und verkaufen Aktien, wenn bestimmte Vorgaben nicht eingehalten werden. Solche Mechanismen fehlen bei ETFs meist aufgrund der Kostenstruktur.

Wie das bei einem gemanagten Fonds konkret im Idealfall aussehen kann, zeigt das folgende Beispiel. Wie bei den anderen Kurzportraits der Fonds handelt es sich um keine Anlageempfehlung.

6.8 Der terrAssisi Aktien Fonds von Ampega

Sie erinnern sich noch an **Franz von Assisi,** den Gründer des **Franziskanerordens?** Sein Name steckt aus guten Gründen in dem Aktienfonds, der schon im Jahr 2000 auf den Markt kam. Der ausschüttende Fonds (ISIN: DE0009847343) investiert das Geld der Anleger nach den ethischen Grundsätzen des Franziskanerordens. Gemanagt wird der Fonds von der Gesellschaft **Ampega.**

Ziel ist es, weltweit in Aktien von Unternehmen zu investieren, die neben ökonomischen auch Umwelt- und Sozialkriterien in ihre Firmenstrategie einbeziehen. Die Auswahl erfolgt nach dem sogenannten **»Best-in-Class«-Ansatz,** bei dem nur die nachhaltigsten Unternehmen eines Sektors berücksichtigt werden.

Anlagekriterien

Der **Fonds investiert** in:

- regenerative Energien,
- umweltfreundliche Dienstleistungen,
- nachhaltige Technologieunternehmen,
- humane Arbeitsbedingungen,
- gute Unternehmensethik und
- Chancengleichheit.

Ausgeschlossen sind Unternehmen aus den Bereichen:

- Atomenergie,
- fossile Brennstoffe,
- Waffen-/Rüstungsgüter,
- Raubbau an der Natur,
- vermeidbare Tierversuche und
- Kinderarbeit.

Für bestimmte **kontroverse Geschäftsfelder** wie fossile Energieerzeugung, Gentechnik in der Landwirtschaft, Pelze, Rüstung und Tabak gilt eine **Umsatzschwelle** von 5 %. Die **Nachhaltigkeitsbewertung** erfolgt durch die Analysehäuser **ISS ESG** und **Sustainalytics.** Ein unabhängiger Ausschuss, bestehend aus Ökonomen und Theologen, überwacht die Einhaltung der Kriterien.

Fondsvolumen und Kosten

Das Fondsvolumen beträgt aktuell rund 1,5 Milliarden Euro. Die laufenden Kosten belaufen sich auf 1,36 % pro Jahr. Damit liegt der Fonds im Vergleich zu anderen aktiv gemanagten Fonds mit ähnlicher Ausrichtung im unteren Kostenbereich.

Besonderheiten und Kritikpunkte

Ein **Viertel der Verwaltungsgebühr** wird an die **Missionszentrale der Franziskaner abgeführt,** die weltweit über 800 humanitäre Projekte unterstützt. Kritisch anzumerken ist jedoch, dass der Fonds auf Hauptversammlungen nur eingeschränkt präsent ist und sein Stimmverhalten nicht offenlegt. Zudem enthält das Portfolio auch Unternehmen wie Heineken und LVMH, die Alkohol produzieren bzw. Pelze vertreiben. Laut den Auswahlkriterien verstößt jedoch keines dieser Unternehmen gegen die ethischen Vorgaben des Fonds. die weltweit über 800 humanitäre Projekte unterstützt. Kritisch anzumerken ist jedoch, dass der Fonds auf Hauptversammlungen nur eingeschränkt präsent ist und sein Stimmverhalten nicht offenlegt. Zudem enthält das Portfolio auch Unternehmen wie Heineken und LVMH, die Alkohol produzieren bzw. Pelze vertreiben. Laut den Auswahlkriterien verstößt jedoch keines dieser Unternehmen gegen die ethischen Vorgaben des Fonds.

Fazit: Der Fonds dürfte zu den aktiv gemanagten Fonds gehören, die in Sachen Nachhaltigkeit vorbildlich sind. Zusätzlich sind die laufenden Kosten mit jährlich 1,36 % im Vergleich zu anderen aktiv gemanagten Fonds eher gering. Bei ECOreporter erhält der Fonds die Nachhaltigkeitsnote 2,2, ist damit in der Spitzengruppe und hat auch das Siegel der Tester. Auch bei **Morningstar** erhält der Fonds fünf Globen und bei **Stiftung Warentest** fünf Nachhaltigkeitspunkte. Bei **»Faire Fonds«** wird die Gesamthöhe kontroverser Beteiligungen mit 12,06 % beziffert, ebenfalls ein guter Wert.

Unsere **kleine Zusammenstellung von Testberichten und Beispielen** sollte Ihnen zeigen: Letztlich müssen Sie schon genau hinschauen, um möglichst das zu bekommen, was Sie wollen. Nur möchten Sie vermutlich für Ihre Entscheidung auch wissen: Wie sieht es mit der **Rendite** dieser Fonds und ETFs aus? Können sie mit konventionellen, vergleichbaren Fonds mithalten? Die Antworten hierzu finden Sie auf den folgenden Seiten.

7 Welche Renditen werfen nachhaltige Fonds und Exchange Traded Funds ab?

Wer nachhaltig anlegt, muss nicht zwangsläufig auf Rendite verzichten. Schon 2015 durchforsteten Ökonomen mehr als 2.000 Studien zu nachhaltigen Geldanlagen. Das Ergebnis: 90 % der Untersuchungen ergaben, dass **ESG-Kriterien** (Umwelt, Soziales, Unternehmensführung) sich neutral oder positiv auf die Rendite auswirken. Laut dem Analysehaus **Scope** erzielten international anlegende Aktienfonds mit Nachhaltigkeitsfokus zwischen 2018 und 2023 eine jährliche Outperformance von 1,3 Prozentpunkten gegenüber konventionellen Fonds.

Dieser Unterschied summiert sich bei langfristigen Anlagen deutlich: Bei einer Anlagesumme von 10.000,– € und 7 % p.a. Rendite ergäben sich über 20 Jahre rund 38.700,– € – verglichen mit 26.500,– € bei 5,7 % p.a.

Die Resilienz nachhaltiger Investments zeigte sich besonders während der **Corona-Krise** 2020. ESG-Fonds verzeichneten im ersten Quartal 2020 maximale Verluste von –14,2 %, während konventionelle Fonds –20,1 % einbüßten. Börsenexperten führen dies auf die höhere Gewichtung zukunftsfähiger Technologieunternehmen zurück, die weniger von Lockdowns betroffen waren.

2022 kehrte sich dieser Trend jedoch um: Der Angriffskrieg Russlands in der Ukraine ließ Rüstungswerte (+34 %) und Ölkonzerne (+48 %) stark steigen. Da solche Branchen in Nachhaltigkeitsindizes unterrepräsentiert sind, verlor der MSCI World SRI –17,0 %, während der konventionelle MSCI World lediglich um –14,2 % einbrach.

Seit 2023 entwickeln sich beide Anlageformen wieder paralleler. Allerdings zeigen aktuelle Daten, dass viele nachhaltige Fonds Schwierigkeiten haben, mit dem techbasierten Boom des MSCI World Schritt zu halten. Grund ist die unterdurchschnittliche Gewichtung der »**Magnificent Seven**« (Alphabet, Amazon, Apple, Meta, Microsoft, Nvidia, Tesla), die 2024 allein 28 % des MSCI World ausmachten, aber nur 9 % bis 15 % in nachhaltigen Indizes. Zusätzlich belasteten höhere Zinsen und politische Unsicherheiten die Erneuerbare-Energien-Branche, die in ESG-Portfolios stark vertreten ist.

Trotzdem fällt die Bilanz unterm Strich positiv aus, zumindest wenn man den **klassischen Weltindex MSCI World** mit dem **nachhaltigeren MSCI World SRI** vergleicht:

- 2020 gewann der MSCI World 3,55 %, die nachhaltigere Variante aber 10,53 %, jeweils in Euro gerechnet.
- 2021 setzte sich dieser Trend fort: MSCI World plus 29,26 %, MSCI World SRI plus 37,32 %.
- Im Krisenjahr 2022 ist es umgekehrt: Der MSCI World verliert 14,19 %, die nachhaltigere Variante aber sogar 17,02 %.
- 2023 verbessert sich der MSCI World um 17,64 %, der MSCI World SRI sogar um 24,12 %.
- 2024 gibt es wieder kleinere Unterschiede: Der MSCI World gewinnt 24,81 %, der MSCI World SRI 21,79 %.

Aussagekräftiger ist die **5-Jahres-Bilanz:** Der MSCI World legte in den vergangenen fünf Jahren bis Ende 2024 insgesamt um 70,47 % zu, der MSCI World SRI um 90,87 %. Anleger mit ETFs, die dem MSCI World SRI folgen, haben also mit ihrer nachhaltigeren Strategie richtig gelegen. Das sagt aber nichts über den Anlageerfolg der einzelnen Fonds und ETFs aus, die als nachhaltig firmieren. Diese liegen im Durchschnitt deutlich unter der Wertentwicklung beider Indizes: Die von **ECOreporter** analysierten 75 nachhaltigen aktiv gemanagten Aktienfonds gewannen im Durchschnitt auf fünf Jahre gesehen 44 %, auf zehn Jahre 110 %.

So entwickelten sich nachhaltige Fonds

Fondsname	WKN	Wertentwicklung kumuliert		Nachhaltigkeitsnote
		5 Jahre	10 Jahre	
Aktienfonds				
Earth Sustainable Resources Fund[1)]	A2PMW2	89,0 %	–	2,7
Swisscanto (LU) Equity Fund Sustainable	811428	82,5 %	188,1 %	1,9
Erste Responsible Stock America	984364	76,1 %	227,4 %	1,9
Protea II Solar & Sustainable Energy Fund	A0RN3V	74,7 %	148,2 %	3,8
MEAG Nachhaltigkeit A	161999	70,9 %	158,9 %	4,0
LBBW Global Warming	A0KEYM	70,4 %	207,0 %	3,1
terrAssisi Aktien I AMI P (a)	984734	66,7 %	167,1 %	2,2
Gutmann Aktien Nachhaltigkeitsfonds	A1XD4J	66,6 %	145,5 %	3,2
UniNachhaltig Aktien Global EUR DIS	A0M80G	64,7 %	151,2 %	3,2
Deka-Nachhaltigkeit Aktien CF (A)	DK1A47	62,9 %	145,4 %	3,1
KCD-Union Nachhaltig Aktien	532653	62,4 %	101,8 %	3,5
DKB Nachhaltigkeitsfonds Klimaschutz	541955	62,1 %	201,5 %	3,2
Erste Responsible Stock Global	A0J36V	59,6 %	147,6 %	1,9
Nordea 1 – Global Stars Equity Fund (BP-EUR)[1)]	A2AJ9C	59,0 %	–	3,2
KBC Eco Fund Water	A0JJ52	56,1 %	128,3 %	2,9
DWS Invest ESG Equity Income LC[1)]	DWS2NX	54,4 %	–	3,7
JSS Sustainable Equity – Global Climate 2035	921125	52,1 %	104,5 %	2,7
Tareno Global Water Solutions Fund	A0M06B	49,9 %	106,2 %	2,1
Templeton Global Climate Change Fund	785335	49,6 %	89,8 %	3,7
Goldman Sachs Global Sustainable Equity	797410	49,2 %	152,6 %	3,0
Erste Responsible Stock Europe	A14N64	48,6 %	59,5 %	1,9

Fondsname	WKN	Wertentwicklung kumuliert		Nachhaltigkeitsnote
		5 Jahre	10 Jahre	
Aktienfonds				
RobecoSAM Sustainable Water Equities	A2QBUQ	47,0 %	137,8 %	2,6
DPAM Invest B Equities World Sustainable	A0JMB5	46,8 %	160,7 %	3,0
LBBW Nachhaltigkeit Aktien	A0NAUP	44,9 %	92,5 %	2,8
JSS Sustainable Equity – Green Planet	A0M90M	43,9 %	99,4 %	2,7
BNP Paribas Global Environment Classic	A0NE8U	43,2 %	125,8 %	3,1
Swisscanto (LU) Equ. Sustain. Global Water	A0MSPX	42,8 %	111,6 %	1,7
Pictet – Water – P EUR	933349	42,0 %	121,1 %	2,4
GreenEffects NAI-Werte	580265	39,4 %	139,9 %	2,4
JSS Sustainable Equity - Global Thematic	A0F6ES	38,8 %	114,5 %	3,1
Pictet – Global Environm. Opport. P EUR	A1C3LM	37,6 %	134,7 %	2,3
Squad – GreenBalance P	564968	36,4 %	66,1 %	2,1
D&R Globalance Zukunftbeweger Aktien P EUR[1)]	A2DHT4	35,0 %	–	2,3
Swisscanto Equity Sust. Emerging Markets	A0NDYC	32,8 %	64,4 %	1,9
Steyler Fair Invest - Equities	A1JUVL	32,5 %	81,2 %	1,7
Triodos Global Equities Impact Fund	A0RJ28	29,9 %	71,4 %	1,9
Ökoworld Growing Markets 2.0	A1J0HV	26,9 %	89,5 %	1,5
Acatis Fair Value Deutschland ELM	163701	23,7 %	32,0 %	1,7
H&A Prime Values Equity A	HAFX4X	23,5 %	42,5 %	2,2
Triodos Pioneer Impact Fund	A0RJ3B	22,7 %	69,4 %	1,8
DNB Fund Brighter Future	987712	19,0 %	72,0 %	2,5
Kepler Umwelt Aktienfonds[1)]	A2N30B	17,4 %	–	2,7
Acatis Fair Value Aktien Global (EUR)	964894	16,8 %	64,3 %	1,7

Fondsname	**WKN**	**Wertentwicklung kumuliert**		**Nachhaltigkeitsnote**
		5 Jahre	**10 Jahre**	
Aktienfonds				
LF Green Dividend World[1)]	A2PMXF	16,7 %	–	2,8
GLS Bank Aktienfonds	A1W2CK	12,5 %	54,2 %	1,4
Nordea 1 - Emerging Stars Equity Fund	A1JHTM	11,5 %	88,2 %	3,0
Ökoworld Water for Life C	A0NBKM	10,0 %	45,2 %	1,4
Prima – Global Challenges G	A0JMLW	8,4 %	76,6 %	1,9
Bonafide Global Fish Fund EUR	A1JYM1	8,3 %	60,7 %	3,7
avesco Sustainable Hidden Champions[1)]	A1J9FJ	3,0 %	–	2,3
Ökoworld Ökovision Classic	974968	2,5 %	59,3 %	1,2
Ökoworld Klima	A0MX8G	1,2 %	116,0 %	1,4
B.A.U.M. Fair Future Fonds[1)]	A2JF70	–3,5 %	–	1,3
Erste WWF Stock Environment	694114	–17,2 %	75,7 %	1,4
Murphy&Spitz – Umweltfonds Deutschland	A0QYL0	–17,5 %	17,6 %	1,8
LSF Active Solar	A0RMFR	–33,4 %	30,6 %	3,4
green benefit Global Impact Fund	A12EXH	–52,7 %	–3,8 %	2,1

Quelle: Ecoreporter; sortiert nach 5-Jahres-Entwicklung; keine Gewähr, keine Anlageempfehlung

1) Fonds ist noch keine zehn Jahre am Markt

Die Wertentwicklung der ETFs hängt natürlich von den jeweiligen Basisindizes ab. ETFs, die in Europa oder in den Schwellenländern anlegen, können daher langfristig auch nicht mit der Wertentwicklung der global anlegenden Welt-ETFs mithalten, die sich an Indizes des Anbieters MSCI World orientieren. Der Grund: Die Kurssteigerungen in Europa und in den Schwellenländern fielen in den vergangenen fünf Jahren geringer aus.

Das bringen nachhaltige ETFs

Name	ISIN	Wertentwicklung/Jahr			jährliche Kosten
		1	3	5	
Weltweit anlegende Aktien-ETFs					
BNP Easy MSCI World SRI S-Series PAB 5 % Cap.	LU1291108642	1,3 %	10,2 %	10,0 %	0,25 %
Amundi MSCI World SRI Filtered PAB	IE000Y77LGG9	3,9 %	–	–	0,19 %
Amundi MSCI ACWi SRI Filtered PAB	IE000ZVYDH0	5,8 %	–	–	0,20 %
Invesco MSCI World ESG Clim. Paris Alig. Benchm. Sel.	IE000PJL7R74	9,1 %	8,1 %	–	0,10 %
UBS MSCI World SRI Low Carbon Select 5 % Iss. Cap.	LU0629459743	4,9 %	15,0 %	12,1 %	0,22 %
UBS MSCI ACWI SRI Low Carbon Select 5 % Iss. Cap.	IE00BDR55471	6,0 %	15,5 %	12,4 %	0,28 %
i-Shares ACWI World SRI Select Reduced Fossil Fuels	IE000JTPK610	7,2 %	–	–	0,20 %
i-Shares MSCI World SRI Select Reduced Fossil Fuels	IE00BYX2JD69	6,1 %	12,9 %	11,6 %	0,20 %
Umweltbank, UCITS ETF Global SDG Focus[1)]	LU2679277744	3,1 %	–	–	0,80 %
BNP Paribas Easy, Low Carb. 300 Wrld PAB Acc[1)]	LU2194449075	1,7 %	20,2 %	–	0,30 %
Rize Environmental Impact 100 UCITS ETF[1)]	IE00BLRPRR04	5,2 %	8,4 %	–	0,55 %
Nachhaltige Aktien-ETFs mit Anlageschwerpunkt Europa					
Amundi MSCI Europe SRI Filtered PAB	LU1861137484	–1,9 %	12,0 %	8,7 %	0,18 %
BNP Easy MSCI Europe SRI S-Series PAB 5 % Capped	LU1753045332	3,7 %	13,2 %	8,8 %	0,25 %

Name	ISIN	Wertentwicklung/Jahr			jährliche Kosten
		1	3	5	
BNP Easy Low Carbon 100 Europe PAB	LU1377382368	1,1 %	12,1 %	8,5 %	0,30 %
UBS MSCI Europe SRI Low Carb. Sel. 5 % Iss. Cap.	LU2206597804	1,5 %	14,5 %	–	0,18 %
Invesco MSCI Eur.Sel. Catholic Prinzip. ESG Leaders	IE00BG0NY640	7,9 %	16,7 %	10,4 %	0,30 %
Aktien-ETFs mit Anlageschwerpunkt Schwellenländer					
Amundi MSCI EM SRI Filtered PAB	LU1861138961	8,5 %	6,6 %	6,2 %	0,25 %
UBS MSCI EM SRI Low Carb. Select 5 % Iss. Cap.	LU1048313891	11,8 %	10,8 %	8,0 %	0,24 %
iShares EM SRI Select Reduced Fossil Fuels	IE00BYVJRP78	8,2 %	7,0 %	6,8 %	0,25 %
Xtrackers MSCI EM Low Carbon SRI Leaders	IE00BG370F43	12,4 %	11,5 %	3,7 %	0,25 %

Quelle: Stiftung Warentest, Ecoreporter, extraETF; keine Gewähr, keine Anlageempfehlung

1) Alle ETFs gelten bei **Stiftung Warentest** als nachhaltige »Erste-Wahl-ETFs«. Diese drei ETFs schneiden bei ECOreporter besonders gut ab.

Die wichtigsten Orientierungspunkte

Was heißt das nun für Ihre Auswahl? Entscheiden müssen Sie selbst – doch hier noch einmal **die wichtigsten Anhaltspunkte:**

- **Einfache Lösung mit geringen Kosten:**

  Wenn Sie es möglichst unkompliziert halten, Kosten sparen und bereit sind, bei der Nachhaltigkeit Kompromisse zu machen, eignen sich **nachhaltige Welt-ETFs** für Sie. Diese ermöglichen eine breit gestreute, globale Anlage mit überschaubarem Einzelwertrisiko.

- **Aktive Fonds für strengere Nachhaltigkeit:**

  Sind Sie bereit, höhere Gebühren in Kauf zu nehmen, dafür aber Fonds im Depot zu haben, die Ihrer persönlichen Vorstellung von Nachhaltigkeit näherkommen, bieten sich **aktiv gemanagte Nachhaltigkeitsfonds** an. Zur Vorauswahl können Nachhaltigkeitsratings helfen. Bedenken Sie jedoch, dass deren Aussagekraft begrenzt ist, da die Bewertungsmethoden zwischen den Anbietern teils stark variieren.

- **Unabhängig von der Fondsart:**

  Ob Indexfonds oder klassische Investmentfonds – lassen Sie sich nicht von Marketingversprechen einlullen. Wirklich nachhaltige Strategien erkennen Sie daran, wie streng die Auswahlkriterien sind und ob auch **positive Auswahlkriterien** berücksichtigt werden. Diese Details finden Sie nur, wenn Sie das Kleingedruckte aufmerksam lesen.

Praktische Hinweise zur Auswahl

Wenn Sie einige Fonds oder ETFs in die engere Wahl genommen haben, prüfen Sie vor der endgültigen Entscheidung, welche Angebote bei Ihrer Bank oder Ihrem Broker verfügbar sind, und welche Kaufgebühren anfallen. Einschränkungen ergeben sich zudem, wenn Sie einen **Sparplan** einrichten wollen – nicht alle Fonds und ETFs sind dafür zugelassen.

Beachten Sie außerdem:

- **Frühere Wertentwicklungen** sind **keine Garantie** für künftige Erträge.
- Langfristig steigen die Chancen auf positive Renditen mit einem **Anlagehorizont von mindestens zehn Jahren** – auch durch den Zinseszinseffekt.
- Investieren Sie nur Geld, auf das Sie im Zweifel langfristig verzichten können. So vermeiden Sie, in Börsenkrisen zu ungünstigen Zeitpunkten verkaufen zu müssen und Verluste zu realisieren.

8 Darum sind nachhaltige Themenfonds selten ein gutes Investment

Wir möchten Sie gleich zu Beginn warnen: **Themenfonds,** die sich auf **bestimmte Zukunftstrends** konzentrieren, sind bei Anlegern in Deutschland sehr beliebt. Was jedoch im Trend liegt, ist nicht automatisch eine gute Geldanlage.

Bei den Themenfonds geht es besonders häufig um erneuerbare Energien, Batterietechnik, Elektromobilität, Gesundheit oder Ernährung. Die meisten dieser **Themenfonds** und **Themen-ETFs** werden als nachhaltig beworben, aber nicht alle erfüllen strenge Nachhaltigkeitskriterien.

Wer mit gemanagten Themenfonds oder ETFs auf bestimmte Nachhaltigkeitsthemen setzt, um beispielsweise für den Ruhestand zu sparen oder sein Vermögen zu vermehren, trifft damit fast nie eine gute Wahl. Eine Untersuchung des **VZ VermögensZentrums** aus dem Jahr 2024 zeigte etwa, dass in den vergangenen zehn Jahren nur 11 % der Themenfonds eine bessere Wertentwicklung erzielten als der globale Aktienindex **MSCI World.** Nachfolgend einige Hinweise zu diesem Börsenphänomen, die Ihnen helfen können, teure Fehler beim nachhaltigen Investieren zu vermeiden.

8.1 Das Angebot an Themenfonds

Themenfonds boomen weiterhin – auch wenn das globale Volumen zuletzt leicht rückläufig war. Laut **VZ VermögensZentrum** gab es Ende 2023 weltweit 2.694 Themenfonds mit einem verwalteten Vermögen von rund 618 Mrd. Euro. In Deutschland ist der Markt besonders groß: Hier waren zu diesem Zeitpunkt 570 Fonds mit einem Gesamtvermögen von fast 300 Mrd. Euro zugelassen – etwa jeder fünfte weltweit. Zum Vergleich: Vor über 20 Jahren existierten in Deutschland nur 45 solcher Fonds. Mittlerweile berücksichtigen vier von fünf Themenfonds nach eigenen Angaben nachhaltige Kriterien in ihrer Investmentstrategie.

Neuere Erhebungen zeigen den Trend in einem differenzierteren Licht: Laut einer **Morningstar-Studie** belief sich das global verwaltete Vermögen in Themenfonds Mitte 2024 auf rund 562 Mrd. US-Dollar (ca. 520 Mrd. Euro) – deutlich weniger als auf dem Höhepunkt im Jahr 2021 (über 800 Mrd. USD), aber weiter auf hohem Niveau. In Europa registrierte Morningstar 2024 zudem erstmals seit einem Jahrzehnt Nettoabflüsse aus thematischen ETFs, obwohl das Angebot wuchs.

Auch in Deutschland bleibt der Markt groß, stößt allerdings an Wachstumsgrenzen. Die VZ-Experten stellen fest, dass knapp jeder dritte Themenfonds nach spätestens fünf Jahren wieder vom Markt verschwindet. Ursache dafür ist neben schwacher Performance die hohe Zahl kurzlebiger »Trendprodukte«.

8.2 Die Risiken von Themenfonds

Die Risiken von Themenfonds werden häufig unterschätzt. Dabei ist die Gefahr, mit solchen Investments **Verluste im Depot anzuhäufen,** besonders **groß.** Die größten Risiken sind:

8.2.1 Teure Fondsschließungen

Das bekannte Bonmot »Prognosen sind schwierig, vor allem wenn sie die Zukunft betreffen« bringt das **Kernproblem von Themenfonds** auf den Punkt. An der Börse wird zwar immer die Zukunft gehandelt, doch jede Investition in einen Themenfonds ist eine besonders **riskante Wette** auf das, was in fünf oder zehn Jahren bevorsteht. Denn wer auf (nachhaltige) Themenfonds setzt, will ja gerade von zukünftig relevanten Geschäftsfeldern profitieren.

! Aus heutiger Sicht ist jedoch nicht absehbar, ob ein Thema wie klimafreundliche Ernährung, Wasserstoff oder sauberes Wasser ein Megatrend wird, der auch in zehn Jahren noch wirtschaftliche Relevanz hat.

»Die **häufigen Schließungen von Themenfonds** deuten jedoch darauf hin, dass viele Themen den vermeintlich sicher geglaubten Durchbruch zu einem Megatrend nicht erreichen«, warnen die Autoren der Studie des **VZ VermögensZentrums.** Das Beispiel des deutschen Solarbooms verdeutlicht: Selbst ein ökologisch und politisch hoch relevantes Thema kann für Anleger zum Flop werden, wenn die Marktmechanismen gegen heimische Anbieter arbeiten.

Tatsächlich sind **Fondsschließungen** ein weithin unterschätztes Risiko: Viele Fonds entwickeln sich so schlecht, dass sie schnell wieder liquidiert werden. Laut der Untersuchung verschwindet über die Hälfte aller Themenfonds innerhalb von zehn Jahren vom Markt. Dies führt für Anleger zu unnötigen Kosten, da solche Fonds oft eine Rendite weit unter der Marktentwicklung erzielen – sonst würden Fondsgesellschaften sie nicht schließen.

Hinzu kommt: »Wenn die Fondspositionen wegen der Schließung verkauft werden müssen, sind die investierten Gelder während des Prozesses oft nicht verfügbar. Die Anleger müssen ein neues Produkt auswählen, und es fallen Transaktionskosten für den Kauf an«, kritisieren die Fachleute des VZ VermögensZentrums.

8.2.2 Gefährliche Auswahl

Es gibt **keine verbindlichen Standards für Themenfonds,** weder für die Definition eines Themas noch für die Auswahl der Aktien, die zu dem gewählten Thema passen sollen. Das erschwert Anlegern die Suche nach passenden Themenfonds. Es besteht zudem das Risiko, dass Themenfonds aufgrund ihrer Umsetzung nur einen schwachen Themenbezug aufweisen.

Viele Themenfonds sind **zu wenig diversifiziert,** weil das Anlageuniversum für spezifische Themen begrenzt ist. Wenn aber in einem **Themen-ETF** nur 15 Aktien stecken, von denen fünf bereits die Hälfte des Fondsvolumens ausmachen, wird der Fondsgedanke konterkariert – nämlich breit gestreut über verschiedene Länder, Branchen und Kontinente hinweg in unterschiedliche, attraktiv erscheinende Unternehmen zu investieren, um das Risiko zu begrenzen.

Diese Begrenzung kann dazu führen, dass die Wertentwicklung eines Fonds von wenigen Unternehmen dominiert wird.

! Dadurch haben Anleger ein Klumpenrisiko: Sie sind vom Wohl und Wehe einiger weniger Firmen abhängig. Diese Unternehmen wiederum können bereits bei der Auflegung des Fonds oft viel zu hoch bewertet sein. Anleger kaufen dann überbewertete Positionen mit dem Marketing-Label »nachhaltig«.

8.2.3 Höhere Kursschwankungen

Wegen der begrenzten Diversifizierung sind auch die **Kursschwankungen größer.** So wies der MSCI World über die vergangenen fünf Jahre laut den damaligen Untersuchungsdaten eine Volatilität, also Schwankungsbreite, von 15,3 % aus. Bei den 254 untersuchten Fonds, die das VZ VermögensZentrum für den Vergleichszeitraum heranziehen konnte, lag die Volatilität bei 209 Fonds (82 %) über diesem Wert.

8.2.4 Schlechtes Timing

Fondsgesellschaften und ETF-Anbieter beobachten den Markt genau. Sie analysieren, welche Aktien bei Privatanlegern beliebt sind und welche Trendthemen in den Medien dominieren. Auf dieser Basis entwickeln sie neue Fondsprodukte. Jedoch zeigt die Erfahrung, dass diese Produkte oft **zu spät** auf den Markt kommen: Zu diesem Zeitpunkt sind die hohen Erwartungen der Anleger an Unternehmen, die beispielsweise mit einer neuen Technologie große Erfolge erzielen wollen, bereits in den Kursen eingepreist.

Die fatale Folge: Anleger können mit den neuen Fonds oft nur noch begrenzt von den Trendthemen profitieren – häufig erst dann, wenn der erste Hype bereits abgeflaut ist. Dies führt dazu, dass sie Fondsanteile zu hohen Kursen kaufen und anschließend zusehen müssen, wie die Werte fallen, da die Nachfrage nach den Fonds sinkt. Eine undatierte Studie der **Ohio State University** bestätigt diesen Trend: Themen-ETFs verlieren in den ersten fünf Jahren nach ihrer Einführung durchschnittlich 30 % an Wert. Langfristig deutlich höhere Kurse könnte es nur dann geben, wenn das Thema wirtschaftlich ein noch größerer Erfolg wird, als zunächst erwartet.

Ein Beispiel hierfür ist der **Wasserstoffsektor:** Viele Wasserstoffaktien verzeichneten 2020 exorbitante Kursgewinne. In den Folgejahren kamen Wasserstofffonds und entsprechende ETFs auf den Markt. Diese haben jedoch inzwischen eine schlechte Wertentwicklung, da die Aktienkurse in der Branche nach dem ersten Hype eingebrochen sind. Einige Titel verloren mehr als 90 % ihres ursprünglichen Wertes. Trotz einer dynamischen Projektentwicklung im Wasserstoffsektor bleibt das Risiko hoch, da viele Projekte noch in frühen Planungsphasen stecken oder sich verzögern.

Zusätzlich zeigt sich bei vielen Trendfirmen ein weiteres Problem: Sie wachsen zwar einige Jahre rasant, doch die **Konkurrenz** schläft nicht. Etablierte Unternehmen drängen in den Markt und nehmen den Newcomern Marktanteile ab. Dies mindert deren Attraktivität an der Börse erheblich. Laut der Studie der **Ohio State University** steigt bei etablierten Themen zudem das Risiko, dass einzelne Marktführer durch ihre Dominanz den Wettbewerb verzerren.

8.2.5 Das Klumpenrisiko

Viele Aktien aus Themenfonds sind auch in klassischen, weltweit aufgestellten Indizes enthalten. Entwickeln sie sich gut, profitieren davon auch die herkömmlichen Weltindizes wie etwa der MSCI World. Beispiel Nvidia: Die Chipaktie war zuletzt mit einem Anteil von rund 5,5 % im MSCI World vertreten. In spezialisierten Chip-Themen-ETFs kann der Anteil von Nvidia jedoch bei über 20 % liegen, was zu einer starken Konzentration führen kann.

! Sie sollten daher unbedingt prüfen, ob einzelne Aktien in Ihrem Gesamtportfolio mehrfach enthalten sind. Eine solche Überschneidung kann zu einer Unwucht in Ihrem Depot führen, insbesondere wenn bestimmte Titel überproportional gewichtet sind. Dies erhöht das Risiko, da die Wertentwicklung Ihres Portfolios stark von wenigen Unternehmen abhängt.

8.2.6 Die Kosten von Themenfonds

Themenfonds und Themen-ETFs sind tendenziell **teurer** als breit gestreute Fonds, die in eine große Anzahl von Unternehmen investieren. Laut einer älteren Studie der **Hochschule Luzern** sind die Kosten bei aktiv verwalteten nachhaltigen Themenfonds im Durchschnitt um einen halben Prozentpunkt höher als bei nicht-thematischen Fonds. Bei ETFs belaufen sich die Mehrkosten auf knapp 0,25 Prozentpunkte, »was fast dem doppelten Kostensatz entspricht«.

Auch eine Untersuchung von **ExtraETF** aus dem Jahr 2022 bestätigt diese Ergebnisse: Die laufenden Kosten von Themen-ETFs sind mehr als doppelt so hoch wie bei Standardindizes. Während die Verwaltungsgebühren für ETFs auf große Indizes wie den MSCI World zwischen 0,1 % und 0,3 % liegen, können sie bei den teuersten Themen-ETFs über 0,8 % betragen.

Laut der Studie des **VZ VermögensZentrums** kosten aktiv gemanagte Themenfonds durchschnittlich 1,83 % pro Jahr an laufenden Gebühren. Passiv verwaltete Themen-ETFs, die einem speziellen Aktienindex folgen, weisen hingegen durchschnittliche jährliche Kosten von 0,51 % auf. Zum Vergleich: ETFs auf den MSCI World beginnen bei Kosten von nur 0,10 %, was sie deutlich günstiger macht.

Die **höheren Gebühren von Themenfonds und -ETFs** lassen sich durch mehrere Faktoren erklären:

- Zum einen erfordert die Auswahl der Unternehmen für diese Fonds ein höheres Maß an Analysekompetenz und spezialisiertem Wissen.
- Zum anderen herrscht in diesem Segment ein geringerer Wettbewerb unter den Anbietern, was ihnen mehr Spielraum beim Festlegen der Gebühren ermöglicht.
- Hinzu kommen **Kaufkosten,** die je nach Anbieter und Handelsplattform variieren können. Hohe Kosten gehören aber bekanntlich zu den größten Renditekillern bei der Geldanlage.

8.2.7 Die Rendite

Die genannten Risiken – man könnte auch von **Konstruktionsfehlern** sprechen – tragen dazu bei, dass Themenfonds oft schlechter abschneiden als Fonds, die weltweit quer über verschiedene Branchen und Länder investieren. Das **VZ VermögensZentrum** hat dazu diese ernüchternden Zahlen vorgelegt: Für 136 Themenfonds lagen Renditezahlen über die vergangenen zehn Jahre vor. Davon konnten 121 Fonds, also 89 %, den Vergleichsindex nicht übertreffen. Über einen Zeitraum von fünf Jahren wiesen 84 % aller Themenfonds eine Minderrendite auf, über drei Jahre sogar 99 %. Nicht berücksichtigt wurde dabei, dass während der untersuchten Perioden etliche Fonds geschlossen wurden. Laut den VZ-Vermögensverwaltern liegt der tatsächliche Anteil an Themenfonds, die den Vergleichsindex nicht übertreffen konnten, deshalb sogar noch höher.

Besser als der **MSCI World** schnitten über 20 Jahre hinweg nur Fonds ab, die das Thema »Künstliche Intelligenz und Big Data« favorisierten – ein Bereich, der jedoch kein klassisches Nachhaltigkeitsthema darstellt. Diese Ergebnisse decken sich mit anderen Studien, die ebenfalls eine unterdurchschnittliche Wertentwicklung von Themenfonds festgestellt haben.

Nachhaltige Themenfonds

Name	ISIN	Thema	Wertentwicklung pro Jahr in %			Jährliche Kosten
			1	3	5	in %
Gemanagte nachhaltige Themenfonds						
GLS Bank Klimafonds	DE000A2DTNA1	Klima	1,36	2,99	−0,03	1,20
Ökoworld Klima	LU0301152442	Klima	−5,10	0,49	0,24	2,93
Templeton Glob. Clim. Change A	LU0128520375	Erneuerbare Energien	−1,86	8,64	8,39	1,96
RobecoSAM Smart Energy Equ. (€) D	LU2145461757	Erneuerbare Energien	12,97	10,37	14,50	1,86
BGF Sustainable Energy Fd.	LU0408221868	Erneuerbare Energien	3,94	6,76	8,35	2,34
DNB Renew. Energy Retail A	LU0302296149	Erneuerbare Energien	−6,30	−5,03	5,87	1,66
KBC Eco Alternative Energy	BE0175279976	Erneuerbare Energien	−2,57	−8,94	5,20	2,24
Pictet Clean Energy	LU0280435388	Erneuerbare Energien	7,21	9,47	11,61	2,07
GG Wasserstoff	DE000A2QDR59	Wasserstoff	−6,36	−12,66	–	4,90
BNP Paribas Aqua C ($)	LU1620156130	Wasser	−4,27	8,04	9,37	2,31
Robeco SAM Sustain. Water Equit.	LU2146190835	Wasser	−7,06	7,05	8,01	1,76
JSS Sustainable Water	LU0333595436	Wasser	−1,94	5,95	7,50	2,21
Blackrock Future of Transport	LU1861214812	Elektromobilität	3,84	0,99	6,98	2,33

Name	**ISIN**	**Thema**	**Wertentwicklung pro Jahr in %**			**Jährliche Kosten**
			1	**3**	**5**	**in %**
Axa ACT Social Progress	LU1557118921	Geschlechtergleichheit	−2,08	1,63	0,36	2,00
Nachhaltige Themen-ETF						
Amundi MSCI New En. ESG Screen.	FR0010524777	Erneuerbare Energie	7,90	−8,06	−1,53	0,69
IShares Global Clean Energy	IE00B1XNHC34	Erneuerbare Energie	0,67	12,95	−1,17	0,76
L&G Hydrogen Economy	IE00BMYDM794	Wasserstoff	23,42	0,85	–	0,53
BNP Par. Easy ECPI Glob. ESG Blue Econ.	LU2194447293	Wasser	−5,09	6,18	10,06	0,36
L&G Clean Water UCITS $ Acc.	IE00BK5BC891	Wasser	3,99	11,66	13,49	0,58
Xtrackers Future Mobility	IE00BGV5VR99	Elektromobilität	15,16	21,40	16,45	0,64
Amundi Global Gender Equality	LU1691909508	Geschlechtergleichheit	5,33	11,25	11,60	0,20
Amundi MSCI Fut. Mobil. ESG Screened	LU2023679090	Batterien	17,60	6,20	15,35	0,45
Rize Sustainable Future of Food	IE00BLRPQH31	Nachh. Ernährung	−18,02	−6,25	−5,75	0,59
Zum Vergleich						
UBS ETF MSCI World Soc. Respons.	LU0950674332		3,63	13,79	12,30	0,20

Quelle: Fondsweb; Angaben ohne Gewähr, keine Anlageempfehlung

8.2.8 Das Beispiel Wasserstoff: Wie man mit Themenfonds viel Geld verlieren kann

Einer der Klassiker in den ersten Chemiestunden ging so: Der Lehrer im weißen Kittel ließ mithilfe von Strom in einem Mini-Aquarium Wasser aufspalten – und prompt verwandelte sich das H_2O in seine gasförmigen Bestandteile H_2 für Wasserstoff und O für Sauerstoff. Dieser Prozess ist bekannt als **Elektrolyse.** Viele, die sich einst mit Chemieformeln abquälten, haben dies womöglich vergessen – bis Wasserstoff an der Börse auf einmal als »Wunderwaffe gegen die Klimazerstörung« oder »grünes Öl des 21. Jahrhunderts« gefeiert wurde.

Mit Wasserstoff können Busse, Schiffe und Lkw bereits emissionsfrei fahren. In der Stahl-, Chemie- und Zementindustrie könnte er zudem helfen, CO_2-Emissionen zu reduzieren. Für den Pkw-Massenmarkt bleibt die Technologie jedoch fraglich: Laut **Kraftfahrt-Bundesamt** waren im gesamten Jahr 2024 insgesamt 745.013 Neuwagen mit alternativen Antrieben zugelassen, darunter lediglich ein minimaler Anteil wasserstoffbasierter Fahrzeuge. Die Gründe sind vielfältig: Hohe Produktionskosten durch die energieintensive Elektrolyse, eine fehlende Tankinfrastruktur und der klare Fokus der Autoindustrie auf batterieelektrische Antriebe.

Dennoch zog die Wasserstoff-Story ab 2020 massiv Privatanleger an. Aktien von Unternehmen wie **Ballard Power** oder **Plug Power** erlebten im allgemeinen Aufschwung nach der ersten Corona-Welle Kurssprünge von über 300 % – trotz jahrelanger roter Zahlen. Ähnlich dem **Dotcom-Hype** der 2000er-Jahre entstand eine Spekulationsblase, die Fondsanbieter nutzten: Allein zwischen Ende 2020 und Anfang 2021 wurden in Europa fünf neue Wasserstoff-ETFs und Themenfonds aufgelegt.

Dann aber passierte genau das, was bei der Auflegung von Themenfonds und Themen-ETFs immer wieder zu beobachten ist. Fondsanbieter brachten zahlreiche Produkte mit dem Anlageschwerpunkt Wasserstoff auf den Markt – oft erst, als der Hype seinen Höhepunkt bereits erreicht hatte oder sogar schon wieder abebbte.

Beispiel 1: VanEck Hydrogen Economy ETF

Der Wasserstoff-ETF **VanEck Hydrogen Economy** (ISIN: IE00BMDH1538) wurde am 26.3.2021 aufgelegt und investiert in Unternehmen, die entlang der gesamten Wertschöpfungskette der Wasserstoffwirtschaft tätig sind. Ursprünglich sollte der Fonds in Unternehmen investieren, die mindestens 50 % ihres Umsatzes mit Wasserstoffprojekten erzielen, wobei Ausnahmen möglich sind. Der ETF enthält derzeit Aktien von 25 Unternehmen, wobei die zehn größten Positionen zusammen rund 72 % des Fondsvolumens ausmachen – eine breite Streuung ist somit nicht gegeben. Seit seiner Auflage hat der Fonds mit über 78 % erheblich an Wert verloren. Dies verdeutlicht die Risiken einer Themenwette auf Wasserstofftechnologien.

Beispiel 2: GG Wasserstoff Fonds (ISIN: DE000A2QDR59)

Der erste deutsche Wasserstoff-Fonds, der **GG Wasserstoff** (ISIN: DE000A2QDR59), wurde im Dezember 2020 aufgelegt und von **Hansainvest** gemanagt. Der Fonds umfasst etwa 38 Aktien aus mehr als zehn Ländern, darunter die USA, Großbritannien, China und Deutschland. Laut dem Fondsberater Gerd Junker sollten etwa die Hälfte der Investitionen in potenzielle Gewinner der Wasserstoffwirtschaft fließen, während die andere Hälfte in etablierte Unternehmen investiert werden sollte, um das Risiko zu reduzieren.

Trotz anfänglicher Kursgewinne von über 20 % verzeichnete der Fonds seit seiner Auflage ein Minus von über 65 %. Die laufenden Kosten betragen jährlich 1,94 %, was im Vergleich zu anderen Fonds und insbesondere zu ETFs hoch ist.

8.2.9 Gesamtfazit

Das **Auf und Ab bei den Wasserstoff-Aktien** zeigt jedenfalls:

- Wer auf ein (nachhaltiges) Modethema setzt, braucht sehr gute Nerven und ein gutes Händchen, um auf die richtigen Einzel-Aktien zu setzen und den idealen Zeitpunkt zum Kaufen und Verkaufen zu finden.
- Wer deshalb lieber Fonds und ETFs favorisiert, sollte genau darauf schauen, wann die Produkte auf den Markt kommen. Haben die Kurse der gehypten Aktien in dem Fonds schon viele Hundert Prozent zugelegt, ist es meistens zu spät.
- Wer zugreift, sollte einen langen Atem haben, das investierte Geld nicht unbedingt irgendwann brauchen und mindestens zehn Jahre Geduld haben, um doch noch von einer möglichen guten Kursentwicklung profitieren zu können.

! Wer zum falschen Zeitpunkt zugegriffen hat und jetzt deutliche Kursverluste beklagt, kann entweder die Reißleine ziehen, verkaufen, den Verlust idealerweise steuerlich mit erzielten Gewinnen verrechnen und den übrig gebliebenen Rest des Kapitals sinnvoll reinvestieren, ohne sich weiter über den Anlageflop zu ärgern. Alternativ können Sie durchhalten und darauf hoffen, dass irgendwann doch noch ein gutes Geschäft daraus wird – was allerdings nur funktioniert, wenn es den Fonds in fünf oder zehn Jahren überhaupt noch gibt.

Insgesamt zeigen die Daten klar, dass Themenfonds im Durchschnitt schlechter abschneiden als breit diversifizierte Fonds wie der MSCI World. Gründe dafür sind unter anderem höhere Gebühren, eine oft eingeschränkte Diversifikation sowie das Risiko, dass Anleger in solche Fonds häufig erst nach einer Phase starker Kursgewinne investieren – was das Renditepotenzial begrenzt.

Für Anleger, die langfristig und risikobewusst Vermögen aufbauen möchten, stellen sie daher in der Regel keine geeignete Wahl dar. Eine solide Basis für ein Portfolio bilden stattdessen **kostengünstige und breit gestreute Indexfonds (ETFs) auf globale Aktienindizes.**

! Themenfonds eignen sich nicht für die langfristige Kapitalanlage. Wer es trotzdem riskieren will, sollte nicht mehr als 5 %, höchstens 10 seines Anlagevolumens in diese Nischenfonds investieren und die Themen möglichst breit auswählen. Je spezieller das Thema, desto höher das Risiko – also lieber breite Themen wie erneuerbare Energien als nur Wasserstoff. Außerdem sollten Sie nur in Themenfonds investieren, wenn Sie trotz starker Kursschwankungen ruhig schlafen und einen Verlust des Großteils Ihres investierten Gelds verkraften können. Bedenken Sie: Bei Themen, die bereits eine starke Renditeentwicklung hinter sich haben, sind Sie mit Ihrem Investment fast immer zu spät dran.

9 Nachhaltige Anleihen: Was sie bringen, wann sie sicher und wann sie riskant sind

Nachhaltige Anleihen, insbesondere sogenannte **Green Bonds,** haben sich in den vergangenen Jahren zu einem Milliardenmarkt entwickelt. Diese Anleihen funktionieren grundsätzlich wie konventionelle Anleihen: Anleger leihen Staaten, Unternehmen oder Banken Kapital, erhalten Zinsen und bekommen am Ende der Laufzeit ihr eingesetztes Kapital zurück – vorausgesetzt, der Emittent ist zahlungsfähig.

Der entscheidende Unterschied liegt in der **Zweckbindung:** Die Mittel aus Green Bonds sollen ausschließlich für nachhaltige Projekte verwendet werden, etwa für den Ausbau erneuerbarer Energien, CO_2-sparende Technologien oder energieeffiziente Gebäudesanierungen.

Der Markt für nachhaltige Anleihen wächst kontinuierlich. Das weltweite Emissionsvolumen nachhaltiger Anleihen (Green, Social, Sustainability, Sustainability-Linked und Transition Bonds) erreicht laut einer Prognose der **Ratingagentur Moody's** für das Gesamtjahr 2025 ein Volumen von rund 1 Billion US-Dollar. Davon entfallen allein auf Green Bonds voraussichtlich über 600 Milliarden US-Dollar. Europa bleibt dabei führend, nicht zuletzt durch die Einführung des freiwilligen **EU Green Bond Standards** (EuGBS), der seit 21.12.2024 angewendet wird. Dieser Standard soll sogenanntem Greenwashing entgegenwirken und die Transparenz sowie Rechenschaftspflichten für Emittenten verbessern.

Wir haben das bereits bei den nachhaltigen Aktienfonds erörtert: Fondsanbieter vermarkten Finanzprodukte derzeit gerne mit dem Label »**nachhaltig**«, um den Verkauf anzukurbeln. Das gilt auch für die grünen Bonds. Wirklich »grün« wären solche Anleihen aber nur, wenn sich nachweisen ließe, dass das Geld der Gläubiger beziehungsweise Anleihekäufer eins zu eins für zusätzliche »grüne« Zwecke verwendet wird.

Tatsächlich ist es aber oft so, dass mit den grünen Anleihen bereits geplante oder bestehende Ausgaben refinanziert werden. Deshalb fließt durch die Emission nicht zwangsläufig zusätzliches Geld in Null-Energiehäuser, die Rettung der Ozeane vor der Plastikschwemme oder in die Entwicklung von Autos, die mit grünem Wasserstoff betrieben werden. Und das ist bei Bundesanleihen genauso wie bei Unternehmensanleihen.

9.1 Erstes Beispiel: Die erste grüne Bundesanleihe

Die **Finanzagentur des Bundes,** die die Bundeswertpapiere emittiert und die Schulden des Bundes verwaltet, brachte im 2.9.2020 die erste »grüne« Anleihe auf den Markt. Das Papier mit einer Laufzeit von zehn Jahren wurde mit einem Kupon von 0,0 % emittiert. Dennoch war die Nachfrage riesig, weil Bundesanleihen für Großanleger wie Investmentfonds, Versicherungen oder Pensionskassen als ein sicherer Hafen gelten, die Papiere liquide sind und sich daher gut an der Börse handeln lassen. Außerdem können die institutionellen Käufer ihren Kunden signalisieren: »Seht her, wir haben nachhaltige Anleihen in unserem Portfolio.«

Das Geld aus der ersten grünen Bundesanleihe, so kündigte es die **Bundesregierung** damals an, werde für ökologische Energie- und Umweltprojekte verwendet. Die Bundesregierung musste allerdings damals bereits einräumen, dass die eingesammelten Milliarden nicht zusätzlich in den Klimaschutz fließen. Vielmehr wurde das Kapital bereits identifizierten und im Bundeshaushalt veranschlagten Energie- und Umweltprojekten zugeordnet.

Alles andere würde auch dem **Haushaltsrecht des Bundestages** widersprechen. Denn nach wie vor entscheiden die Bundestagsabgeordneten letztlich darüber, wie viel Geld aus dem Haushalt in welche Projekte gesteckt wird. Und das gilt selbstverständlich auch für alle weiteren aufgelegten »grünen« Staatsanleihen. Mit anderen Worten: »Grüne Schulden« führen nicht automatisch zu mehr »grünen Staatsausgaben«.

9.2 Zweites Beispiel: Anleihen von Apple

Der amerikanische Technologiekonzern gab bereits mehrfach, wie viele andere große Industriekonzerne auch, Green Bonds heraus. Das Geld aus den Anleihen wurde bestimmten grünen Projekten zugeordnet, etwa um ein Datenzentrum von Apple nahe der dänischen Stadt Viborg mit Energie aus einem Windpark zu versorgen oder »grünes« Aluminium, also Aluminium, das ohne CO_2-Ausstoß hergestellt wird, für die Produktion von bestimmten Apple-Geräten zu verwenden.

Bis Anfang 2024 hatte Apple nach eigenen Angaben bereits über 4,7 Milliarden US-Dollar aus drei grünen Anleihen in solche Projekte investiert. Nun könnte man argumentieren: Ist doch eine feine Sache, wenn sich Apple für eine nachhaltigere Wirtschaftsweise engagiert, zumal der Konzern es sich zum Ziel gesetzt hat, seine Geschäfte bis zum Jahr 2030 klimaneutral zu betreiben. Aber auch hier liegt die Vermutung nahe: Apple, das über enorme Geldreserven verfügt, hätte die Projekte auch ohne die Green Bonds finanziert. So aber hat Apple zusätzlich etwas für sein grünes Image getan.

9.3 Warum überhaupt in grüne Anleihen investieren?

Für den **Kauf von grünen Anleihen** gibt es **mehrere Argumente:**

- Weil sie eine sehr sichere Anlage sind, zumindest wenn es sich um Bundeswertpapiere oder etwa um Anleihen der Förderbank KfW mit erstklassiger Bonität handelt. Das Kursrisiko bei Zinsänderungen bleibt aber auch hier bestehen, wenn Sie die Anleihe vor Fälligkeit verkaufen.
- Wegen Renditen, die nahezu auf dem Niveau klassischer Anleihen liegen – trotz des zusätzlichen nachhaltigen Nutzens, der durch das sogenannte »**Greenium**« manchmal zu einem kleinen Renditeabschlag führt.

- Weil Sie mit Anleihen flexibler sind als mit Festgeld. Zumindest nachhaltige Staatsanleihen lassen sich börsentäglich jederzeit kaufen und verkaufen.
- Weil Sie sich mit Anleihen in Ihrem Wertpapierdepot einen Sicherheitsbaustein schaffen können – als Ausgleich zu Ihren auf Aktien basierenden Anlagen.
- Weil Sie auch in Anleihen von kleineren Unternehmen mit potenziell höheren Renditen investieren und damit gezielt bestimmte Projekte finanzieren können. Hierbei ist jedoch das höhere Risiko (bis hin zum Totalverlust) unbedingt zu beachten.
- Weil Sie durch Ihre Nachfrage zumindest den Druck auf Staaten und Unternehmen erhöhen, ihr Handeln transparenter zu machen und sich stärker für den Klimaschutz und die Umwelt zu engagieren.

9.4 Darauf sollten Sie vor dem Kauf achten

Trotz der Vorteile ist nicht jede grüne Anleihe automatisch ein gutes oder sicheres Investment.

- **Bonität des Emittenten:** Das wichtigste Kriterium ist die Zahlungsfähigkeit des Herausgebers (Emittent). Handelt es sich um den deutschen Staat, ist das Ausfallrisiko momentan gering. Bei Unternehmensanleihen geben Ratingagenturen wie Moody's oder S&P Auskunft über die Kreditwürdigkeit. Ein schlechtes Rating bedeutet ein höheres Risiko.
- **Transparenz und Reporting:** Prüfen Sie, ob der Emittent klare und nachvollziehbare Berichte über die Verwendung des Gelds veröffentlicht. Der neue **EU Green Bond Standard** (EuGBS) stellt hierfür hohe Anforderungen, ist aber für Emittenten freiwillig.
- **Kurs- und Zinsänderungsrisiko:** Wie bei jeder Anleihe kann ihr Marktwert während der Laufzeit schwanken, insbesondere wenn sich das allgemeine Zinsniveau ändert. Steigen die Zinsen, fallen

die Kurse älterer Anleihen mit niedrigerer Verzinsung. Verkaufen Sie vor Laufzeitende, können Sie Verluste machen. Nur wer die Anleihe bis zur Fälligkeit hält, erhält den vollen Nennwert zurück.

- **Kosten:** Bedenken Sie, dass beim Kauf und Verkauf über die Börse Transaktionsgebühren anfallen, die Ihre Rendite schmälern.

9.5 Investieren in grüne Bundesanleihen: So geht's

Grüne Bundeswertpapiere sind in verschiedenen Laufzeiten erhältlich, die aktuell von fünf bis maximal 30 Jahren reichen. Mit den Emissionserlösen werden gezielt umwelt- und klimafreundliche Projekte in Bereichen wie Verkehr, erneuerbare Energien oder Forschung finanziert.

Neu emittierte Anleihen werden regelmäßig angeboten und können **ohne Mindestanlagesumme** gehandelt werden. Sie sind an Börsen wie der Stuttgarter Börse, der Frankfurter Wertpapierbörse oder über elektronische Plattformen wie Tradegate verfügbar. Ein zentrales Merkmal ist die Möglichkeit, grüne Anleihen jederzeit in konventionelle Zwillingsanleihen umzutauschen. Dies bietet Flexibilität und sichert die Liquidität der Papiere, da ihr Kurs eng an den der konventionellen Zwillingsanleihe gekoppelt bleibt.

Die **erste grüne Bundesanleihe** mit einer Laufzeit von zehn Jahren (ISIN: DE0001030708) wurde erstmals am 4.9.2020 emittiert, mit Laufzeit bis 15.8.2030.

Die **Rendite grüner Bundesanleihen** hängt von Faktoren wie dem Kaufkurs, der Restlaufzeit und dem Zinskupon ab. Ältere Anleihen, wie die erste grüne Bundesanleihe, haben oft einen Kupon von 0 % und werden derzeit unter ihrem Nennwert gehandelt. Dies ist eine Folge der gestiegenen Kapitalmarktzinsen, die den Kurs bestehender Anleihen sinken lassen.

! Wer solche Papiere zu einem Kurs unter 100 % erwirbt und bis zur Fälligkeit hält, kann von Kursgewinnen profitieren, da der Bund den Nennwert (z.B. 5.000,– € oder 10.000,– €) vollständig zurückzahlt. Entscheidend für einen Vergleich ist die Rendite bis zur Fälligkeit, die sowohl den Kupon als auch eventuelle Kursgewinne oder -verluste berücksichtigt. Allerdings gilt auch das Umgekehrte: Wer eine Anleihe zu einem Kurs über 100 % kauft, muss bei Fälligkeit mit Kursverlusten rechnen, sofern er die Anleihe bis dahin hält.

Die gleichen Prinzipien gelten ebenso für grüne Anleihen der **Kreditanstalt für Wiederaufbau** (KfW). Diese zählt zu den größten Emittenten von Green Bonds weltweit und informiert detailliert über die Verwendung der Mittel sowie deren Wirkung.

! Auf den Webseiten der Deutschen Finanzagentur (www.deutsche-finanzagentur.de) und der KfW (www.kfw.de) erfahren Sie, welche grünen Anleihen derzeit im Umlauf sind und gehandelt werden.

Bevor Sie kaufen, sollten Sie aber gut überlegen, ob **Festgeld** für Sie eine **bessere Alternative** ist. Die **Vor- und Nachteile im Vergleich:**

- Sie sollten unbedingt die Renditen der Anleihen mit den Festgeldzinsen vergleichen. Der Vergleich ergibt aber nur Sinn, wenn die Laufzeiten annähernd übereinstimmen.
- Überdurchschnittlich hohe Zinsen für Festgeld gibt es meist nur bei kleineren Privatbanken. Bei den Sparkassen sowie Volks- und Raiffeisenbanken, die für viele Kunden nach wie vor ihre Hausbank mit Girokonto sind, liegen die Zinsen für Festgeld sogar häufig deutlich unter den Top-Angeboten. Dann sind die Anleiherenditen oft höher.
- Unter den Top-Festgeldanbietern finden sich häufig ausländische Banken, die **nicht der deutschen Einlagensicherung unterliegen.** Sparer müssen also sehr genau prüfen, welcher Einlagenschutz für ihr Erspartes gilt und welcher Bank sie ihr Festgeld anvertrauen. Anders bei den Bundeswertpapieren: Als Schuldner

genießt die Bundesrepublik Deutschland trotz der aktuell schwachen Wirtschaftsentwicklung weiterhin einen sehr guten Ruf bei großen Investoren. Schließlich steht hinter dem deutschen Staat als Schuldner die Wirtschaftskraft der größten Volkswirtschaft Europas mit ihren Steuereinnahmen und Vermögenswerten.

- Aus Festgeld kommen Sie nicht vorzeitig raus. Das Geld ist bis zur Fälligkeit nicht für Sie verfügbar. Bundeswertpapiere können Sie hingegen jederzeit über die Börse verkaufen, etwa, wenn Sie auf einmal unerwartet Geld brauchen.
- Beim Festgeld gibt es das eingesetzte Kapital immer eins zu eins am Ende der Laufzeit zurück. Es gibt keine Kursschwankungen, weil Festgeld nicht an der Börse gehandelt wird. Anders bei den Anleihen: Sie müssen damit leben können, dass es während der Laufzeit mit den Kursen auch einmal steil bergab gehen kann, so wie 2022, als die globalen Anleiheindizes vorübergehend bis zu 20 % nachgaben. Das muss Sie aber nicht stören, wenn Sie Ihre Papiere bis zur Fälligkeit sowieso behalten wollen.

Beim **Kauf und Verkauf von Bundeswertpapieren vor der Fälligkeit** sollten Sie unbedingt auf die Kosten achten. Normalerweise sind die Kaufspesen nicht höher als beim Kauf von Aktien. Meist fällt eine Grundgebühr an, zuzüglich eines prozentualen Anteils vom bezahlten Kurswert. Diese Gebühren variieren je nach Bank und betragen häufig 0,5 % des Kurswerts als Orderprovision, zusätzlich zu einer festen Gebühr, die beispielsweise 20,– € betragen kann. Diese Kosten sollten Sie sich unbedingt vorher anschauen.

Denn bei einem **geringen Anlagebetrag** von beispielsweise 1.000,– € und einer hohen Grundgebühr könnten die Kosten einen größeren Teil der Rendite aufzehren.

» Angenommen, die Ordergebühr beträgt pauschal 20,– €. Bei einem Anlagebetrag von 1.000,– € und einer jährlichen Rendite von 2,3 % (entspricht 23,– €) würde die Gebühr fast den gesamten Ertrag des ersten Jahres aufzehren. Die effektive Rendite für dieses Jahr würde auf 0,3 % sinken. Anders sieht es bei größeren Anlagesummen aus: Bei einem Betrag von 10.000,– €

könnte die Rendite durch dieselbe Gebühr nur um etwa 0,2 Prozentpunkte sinken – ein vertretbarer Verlust, wenn es gute Gründe für den Anleihenkauf gibt.

Ebenfalls wichtig ist der Blick auf die **Kurse beim Handel mit Bundeswertpapieren.** Es gibt den **Briefkurs,** den Sie beim Kauf bezahlen, und den **Geldkurs,** den Sie beim Verkauf erhalten. Der Briefkurs liegt in der Regel höher als der Geldkurs, da Verkäufer einen höheren Preis erzielen möchten als Käufer bereit sind zu zahlen. Die Differenz zwischen diesen beiden Kursen wird als **Geld-Brief-Spanne** (Spread) bezeichnet.

! Bei Bundeswertpapieren, die als äußerst liquide gelten und häufig gehandelt werden, sollte dieser Spread minimal sein. Ein geringer Spread bedeutet geringere Transaktionskosten und ist ein Zeichen für einen effizienten Markt.

Die folgende Tabelle hilft Ihnen, grüne Anleihen des Bundes und der KfW leichter zu finden. Die Kurse und Renditen dürften sich bei Erscheinen des Buches geändert haben, geben Ihnen aber eine Orientierung, was für Sie drin oder nicht drin ist.

Grüne Anleihen

	ISIN	Fälligkeit	Kupon in %	Kurs[1] in €	Rendite[1] in %	Umlaufendes Volumen in Mrd. €
Grüne Bundesanleihen						
Bund/g 2020/30	DE0001030708	15.08.2030	0,00	89,73	2,25	11,0
Bund/g 2021/ 31	DE0001030732	15.08.2031	0,00	87,3	2,34	9,5
Bund/g 2021/50	DE0001030724	15.08.2050	0,00	45,38	3,23	12,8
Bund/g 2023/33	DE000BU3Z005	15.02.2033	2,30	98,66	2,50	12,0
Bund/g 2023/53	DE0001030757	15.08.2053	1,80	73,67	3,25	12,0

	ISIN	Fälligkeit	Kupon in %	Kurs[1] in €	Rendite[1] in %	Umlaufendes Volumen in Mrd. €
Bundesobligation/g	DE0001030716	10.10.2025	0,00	99,96	1,84	8,5
Bundesobligation/g	DE0001030740	15.10.2027	1,30	98,66	1,98	9,0
Bundesobligation/g	DE000BU35025	12.04.2029	2,10	99,83	2,15	6,5
Grüne KFW-Anleihen						
KFW Green Bond 2024/29	XS2887903966	04.10.2029	2,38	99,825	2,43	4,0
KFW Green Bond 2024/32	XS2816013937	31.03.2032	2,88	101,18	2,70	7,0
KFW Green Bond 2023/31	XS2698047771	24.03.2031	3,25	103,4	2,59	3,0
KFW Green Bond 2023/30	XS2626288760	15.05.2030	2,75	101,32	2,45	3,0
KFW Green Bond 2023/33	XS2586942448	14.02.2033	2,75	99,99	2,78	3,0

Quelle: Deutsche Finanzagentur, Kreditanstalt für Wiederaufbau (KFW)

1) Börse Frankfurt; keine Anlageempfehlung, ohne Gewähr

9.6 Die Risiken grüner Unternehmensanleihen

Auf den ersten Blick sind grüne Unternehmensanleihen attraktiv: Anleger leihen einem Unternehmen Geld, das dieses in nachhaltige Projekte steckt – etwa in Wind- und Solarparks, vegane Lebensmittelproduktion oder ökologische Immobilien. Im Gegenzug gibt es feste Zinsen, die mitunter bei 7 % bis über 10 % jährlich liegen. Am Ende der Laufzeit wird der eingesetzte Betrag (Nominalwert) zurückgezahlt – sofern alles planmäßig läuft. Doch hinter den hohen Renditeversprechen stecken erhebliche Risiken.

9.6.1 Ausfallrisiko

Eine Unternehmensanleihe ist im Kern ein Kredit. Läuft das Geschäft gut, gibt es Zinsen und am Ende das investierte Kapital zurück. Gerät das Unternehmen jedoch in Schwierigkeiten, drohen Zahlungsausfälle oder sogar ein Totalverlust. Beispiel: Die »**Energie-Effizienz-Anleihe 2027**« der **Deutschen Lichtmiete** wurde nach Eröffnung eines Insolvenzverfahrens 2021 praktisch wertlos.

9.6.2 Geringe Marktliquidität

Mittelstandsanleihen haben kleine Volumina (meist nur wenige Millionen Euro) und werden kaum gehandelt. Wer verkaufen will, findet oft tagelang keinen Käufer – im Gegensatz zu Bundes- oder Anleihen großer Konzerne, die täglich milliardenfach den Besitzer wechseln.

9.6.3 Greenwashing-Gefahr

Nicht jede als »grün« beworbene Anleihe finanziert tatsächlich nachhaltige Projekte. Zwar existiert seit Ende 2024 der **EU-Green-Bond-Standard** – doch er ist freiwillig. Unternehmen können weiter eigene Kriterien anlegen. Verwirrung und Vertrauensverlust sind die Folge.

9.6.4 Bonität und Zinsen

Viele Emittenten grüner Mittelstandsanleihen sind jung und weniger solide aufgestellt als Konzerne. Ihr Kreditrisiko ist höher – entsprechend hoch sind die Zinsen. Anleger sollten bedenken: Hohe Kupons sind keine Geschenke, sondern Risikoprämien.

9.6.5 Diese Punkte sind beim Investieren wichtig

Wenn Sie dennoch in **einzelne nachhaltige Unternehmensanleihen** investieren wollen, sollten Sie deshalb auf folgende Punkte achten:

- Die Papiere gibt es bei grünen Banken, bei auf nachhaltige Geldanlagen spezialisierten Vermittlern sowie direkt bei den Emittenten. Setzen Sie, wenn möglich, ein Kauflimit, um zu verhindern, dass Sie zu überhöhten Kursen einsteigen.
- Wenn solche Unternehmensanleihen zu einem Kurs von unter 90 % notieren, kann dies ein Warnsignal sein. Anleger haben womöglich schon ihre Anteile an der Anleihe verkauft, frei nach dem Motto: lieber ein Ende mit Schrecken als ein Schrecken ohne Ende. Oder das Unternehmen steckt ohnehin in finanziellen Schwierigkeiten, deshalb ist der Kurs gefallen. Schlimmstenfalls droht ein Totalverlust.
- Bedenken Sie, dass der Zins eine Risikoprämie ist. Je höher der Zins, desto größer die Gefahr, dass Sie Geld verlieren. Die Experten des auf die Analyse von nachhaltigen Anlagen spezialisierten Internetportals ECOreporter raten deshalb, nur in Anleihen zu investieren, bei denen es um solide Projekte erfahrener Unternehmen geht. Dazu zählte ECOreporter nach einem früheren Test von 51 nachhaltigen Anleihen die Anbieter **Energiekontor, Enertrag** und **Abo Wind.** Alle sind in der Branche für erneuerbare Energien tätig (keine Anlageempfehlung). Bitte beachten Sie, dass diese Einschätzung möglicherweise nicht mehr aktuell ist und deshalb unbedingt vor einer Investition geprüft werden sollte.
- Investieren Sie niemals Ihr gesamtes oder einen größeren Anteil Ihres Vermögens in grüne Mittelstandsanleihen, sondern allenfalls einen kleinen Anteil von zum Beispiel 5 % – und auch das nur, wenn Sie damit leben können, dass Sie schlimmstenfalls Ihr eingesetztes Kapital komplett verlieren.

! Sie können bei Interesse auch auf Anleihen von großen, teils nachhaltigen Konzernen und Banken setzen, etwa von der Deutschen Bahn, der Landesbank Baden-Württemberg oder der Deutschen Post. Anleihen solcher Unternehmen gibt es oft schon ab einem Mindestanlagebetrag von 1.000,– €. Der Handel läuft besser als bei den kleinen Mittelstandsanleihen und das Risiko eines Fehlgriffs ist deutlich geringer. Dafür fallen allerdings die Renditen niedriger aus.

Generell geht es inzwischen um einen Riesenmarkt. **GSS-Bonds** (Green, Social, Sustainability) sind in Deutschland und Europa längst kein Nischenprodukt mehr. Sie entwickeln sich zu einer führenden Asset-Klasse, insbesondere für institutionelle Investoren wie Investmentgesellschaften, Versicherungen, Pensionskassen und Pensionsfonds. Prognosen zufolge könnte der Anteil von GSS-Anleihen am gesamten europäischen Emissionsvolumen in den kommenden Jahren weiter stark ansteigen.

Für **Privatanleger** verbleiben aber insgesamt **drei große Hürden:**

- Es fehlen für den nachhaltigen Anleihenmarkt noch immer einheitliche verpflichtende Standards für die Verwendung des eingesammelten Anlegergelds. Das erhöht das Risiko für sogenanntes **Greenwashing.** Viele Emittenten orientieren sich aber an freiwilligen Nachhaltigkeitsstandards wie den Green Bond Principles (GBP) des Branchenverbands ICMA oder nutzen den ebenfalls freiwilligen EU-Green-Bond-Standard.
- Viele Emissionen sind so gefragt, dass sie überzeichnet werden. Privatanleger gehen daher oft leer aus.
- Eine Investition ist oft nur für professionelle Investoren möglich, weil die Mindestanlagesummen zum Beispiel bei 250.000,– € oder mehr besonders hoch sind.

! Für risikoscheuere Privatanleger, die auf Anleihen setzen wollen, gibt es breit gestreute nachhaltige Anleihefonds (auch Rentenfonds genannt), und nachhaltige Anleihe-ETFs als Anlagealternativen. Diese bündeln eine Vielzahl von Anleihen und reduzieren so das Risiko eines Totalverlusts durch den Ausfall eines einzelnen Emittenten.

10 Was nachhaltige Rentenfonds und nachhaltige Anleihen-ETFs bieten

Wem Investments in eine oder mehrere »grüne« Anleihen zu kompliziert oder zu aufwändig sind, kann alternativ in **nachhaltige Rentenfonds** oder Anleihe-ETFs investieren. In den aktiv gemanagten Fonds steckt in der Regel eine Kombination von meist mehreren Hundert verschiedener Anleihen. Dazu zählen:

- **Green Bonds** verschiedener Staaten, bei global anlegenden Rentenfonds auch von Ländern außerhalb der Eurozone. Idealerweise sollten dies Länder sein, in denen keine nennenswerte Korruption herrscht, kein Diktator an der Macht ist und internationale Umweltverträge beachtet werden.
- Anleihen von Unternehmen, die ihre Geschäftsstrategie so ausgerichtet haben, dass sie jetzt und in Zukunft möglichst nachhaltig wirtschaften. Hier wird mit dem Geld der Anleger das möglichst nachhaltige Unternehmen in seiner Gesamtheit finanziert.
- Anleihen von Unternehmen, bei denen das Kapital der Anleger direkt in umwelt- und klimafreundliche Projekte fließt, etwa in den Bau eines Windparks, eines Solarkraftwerks oder die Errichtung einer energieeffizienten Fabrik.
- **Social Bonds:** Mit diesen Anleihen werden soziale Projekte finanziert, etwa bezahlbare Wohnungen in Deutschland oder Entwicklungsprojekte in armen Ländern.

Häufig machen die Fondsmanager hier aber Kompromisse. Aus dem Universum von mehr oder weniger »grünen« Unternehmensanleihen werden nach dem sogenannten **»Best-in-Class«-Prinzip** die Papiere ausgewählt, die im Vergleich zu ihrer direkten Konkurrenz noch am nachhaltigsten erscheinen. Oft sind in den Fonds auch Anleihen von Firmen enthalten, die gerade erst auf dem Weg sind, nachhaltiger zu werden. Für Anleger ist es daher wichtig zu wissen, dass die Nachhaltigkeitskriterien nicht immer den eigenen, strengen Maßstäben entsprechen.

Die **Stiftung Warentest** hat im Sommer 2024 in einem umfassenden Test 121 als nachhaltig beworbene Fonds und ETFs untersucht. Das Ergebnis war eher ernüchternd: 35 Produkte sind schon an der Vorauswahl gescheitert, zum Beispiel, weil die Fonds, so die Stiftung, »Anleihen von Staaten gekauft haben, in denen die Todesstrafe gilt«, wie etwa in China oder Saudi-Arabien. Tabu waren für die Warentester auch Anleihen von Ländern mit hoher Korruption oder von Unternehmen, die mit kontroversen Waffen in Verbindung stehen.

Die Bestnote von fünf Nachhaltigkeitspunkten hat kein Fonds und kein ETF erhalten. Vier Punkte gab es für fünf aktiv gemanagte Fonds, die in einen Mix aus Staats- und Unternehmensanleihen investieren. Diese sind:

- **Erste Ethik Anleihen,**
- **Erste Responsible Bond,**
- **Kepler Ethik Rentenfonds,**
- **Steyler Ethik Rentenfonds** und
- der **GLS Bank Rentenfonds.**

Vier ETFs erhielten ebenfalls vier Nachhaltigkeitspunkte, alles Indexfonds mit deutschen Staatsanleihen. Diese sind:

- Deka Deutsche Börse Eurogov Germany,
- iShares eb.rexx Government Germany,
- iShares Germany Government Bond und
- der Xtrackers Germany Government Bond.

Der GLS Bank Rentenfonds

Ein Beispiel, wie ein nachhaltiger Rentenfonds idealerweise aussehen kann, ist der **GLS Bank Rentenfonds** (ISIN: DE000A3ERMZ0), der nicht nur von der Stiftung Warentest gute Noten bekam, sondern auch von ECOreporter (Nachhaltigkeitsnote 1,6). Die Jahresgesamtkosten belaufen sich auf rund 0,75 %.

Der Fonds wurde 2023 aufgelegt. Er soll nach Angaben der GLS Bank in Anleihen von Unternehmen und Staaten anlegen, »die sich durch zukunftsweisendes Wirtschaften auszeichnen und zu einer nachhaltigen Entwicklung beitragen«. So fließt zum Beispiel Geld in Staatsanleihen von Deutschland, Irland, Portugal oder den Niederlanden, in Unternehmensanleihen (Deutsche Post), in Bahngesellschaften (SNCF, East Japan Railway), in überdurchschnittlich nachhaltige Finanzinstitute (DNB, SEB, Rabobank) sowie in Konzerne, die auf erneuerbare Energien setzen (Statkraft, Ørsted).

Ausgeschlossen sind hingegen Anleihen von Unternehmen und Staaten, denen schwerwiegende Verstöße gegen Arbeits- und Menschenrechte nachzuweisen sind, die Öl- und Kohleförderung betreiben oder das Pariser Klimaabkommen nicht unterzeichnet haben. Ebenfalls positiv: Der Fonds ist an Neuemissionen von Anleihen beteiligt. Dadurch trägt er dazu bei, dass Staaten und Unternehmen an Geld kommen, die versuchen, nachhaltiger zu wirtschaften. Werden Anleihen wegen unzureichender Nachhaltigkeit verkauft, werden Anleger darüber informiert.

! Wie »grün« solche Fonds tatsächlich sind und ob sich deren Investments mit den eigenen Vorstellungen von nachhaltigem Wirtschaften decken, können Anleger nur herausfinden, wenn sie zum Beispiel in den öffentlich zugänglichen Jahresberichten der Fonds die detaillierte Auflistung der enthaltenen Anleihen selbst anschauen. Natürlich können sie nicht jede einzelne Anleihe auf Nachhaltigkeit prüfen, aber sie erhalten zumindest ein Gefühl dafür, was die Fondsmanager mit ihrem Geld tun.

Nun fragen sich viele Anleger: Wie sieht es bei den **Renditen** aus? Die gute Nachricht: Sie können damit rechnen, dass die Renditen im Durchschnitt nicht schlechter sind als bei konventionellen Anleihenfonds.

Eine Alternative zu nachhaltig gemanagten Rentenfonds sind **nachhaltige Renten-ETFs.** Diese bilden die Kursentwicklung von bestimmten **Anleihe-Indizes** ab. ETFs haben in der Regel geringere laufende Kosten als Rentenfonds. Auch die Kaufgebühren sind geringer, weil kein Ausgabeaufschlag anfällt. Die Renditen bewegen sich in der Spitze auf dem Niveau der gemanagten Fonds, wie unsere Tabelle zeigt.

So schneiden nachhaltige Rentenfonds ab

Name	**ISIN**	**Wertentwicklung pro Jahr**			**Jährliche Kosten**
		1 Jahr	**3 Jahre**	**5 Jahre**	
Aktiv gemanagte Rentenfonds					
GSL Bank	DE000A3ERMZ0	1,88 %	–	–	0,70 %
Murphy & Spitz Green Bond Fund	DE000A3CQVS2	2,04 %	–	–	1,50 %
Deka-Nachhaltigkeit Renten CF	LU0703711035	3,45 %	5,86 %	0,76 %	1,10 %
SUPERIOR 1 – Ethik Renten	AT0000A07HR9	3,13 %	5,45 %	0,27 %	0,89 %
BNP Paribas Multi-Factor Corp. Bd.	LU1664648380	3,17 %	5,36 %	−0,24 %	0,83 %
JSS Sustainable Bond Corporates	LU0950591718	3,84 %	5,17 %	0,01 %	0,82 %
ERSTE Respons. Bd. Euro-Corporate	AT0000A0PHJ4	2,98 %	5,01 %	−0,32 %	0,78 %
Goldman Sachs Sust. Cred. ex-Fin.	LU0577843187	2,75 %	4,87 %	−0,55 %	0,92 %
Monega Steyler Fair Invest Bonds	DE000A1WY1N9	3,14 %	4,58 %	−0,18 %	1,30 %
Kepler Ethik Rentenfonds	AT0000642632	2,30 %	4,27 %	−1,11 %	0,56 %
LBBW Nachhaltigkeit Renten	DE000A0X97K7	1,52 %	4,14 %	−1,29 %	1,08 %
Mirova Euro Green&Sustain. Bd.	LU0914734701	1,56 %	3,93 %	−2,31 %	1,15 %
ERSTE Responsible Bond	AT0000686084	1,58 %	3,73 %	−1,40 %	0,82 %
BfS Nachhaltigkeitsfds. Green Bds.	DE0009799981	2,04 %	3,66 %	−0,93 %	0,60 %

Name	**ISIN**	**Wertentwicklung pro Jahr**			**Jährliche Kosten**
		1 Jahr	**3 Jahre**	**5 Jahre**	
Goldman Sachs Green Bond	LU1586216068	1,16 %	3,53 %	−3,12 %	0,60 %
Erste Ethik Anleihen	AT0000822416	1,47 %	2,62 %	−0,41 %	0,68 %
CSR Bond Focus SDG Fonds (A)	DE000A2PT145	3,68 %	2,58 %	–	1,40 %
Nachhaltige ETF-Rentenfonds					
UBS BBMSCI Area Liq. Corp. Sust. UE	LU1484799769	3,89 %	6,06 %	−0,14 %	0,10 %
Xtrackers II ESG Corporate Bond	LU0484968812	3,50 %	5,36 %	0,06 %	0,22 %
Amundi Index Solut. Agg Corp. SRI	LU1737653987	3,54 %	5,35 %	0,02 %	0,20 %
Amundi ESG Euro Corporate Bond	LU1829219127	3,48 %	5,22 %	−0,06 %	0,14 %
IndexIQ Factors Sustain. Corp. Bd.	LU1603790731	3,50 %	4,82 %	0,64 %	0,53 %
Deka Dt. Börse Eurogov Germ.	DE000ETFL177	0,38 %	1,61 %	−2,02 %	0,20 %
Ishares eb rexx Gov. Germany	DE0006289465	0,27 %	1,57 %	−1,75 %	0,16 %
Xtrackers Germ. Gov. Bond UCITS	LU0643975161	−1,52 %	0,70 %	−3,50 %	0,19 %
IShares Germany Gov. Bond UCITS	IE00B5V94313	−1,59 %	0,66 %	−3,54 %	0,20 %

Quelle: Fondsweb; Fondswährung bei allen Fonds ist €; Reihenfolge nach Rendite im Dreijahres-Zeitraum; Angaben ohne Gewähr; keine Anlageempfehlung

11 Nachhaltige Fondspolicen: Grüne Rente oder teures Versprechen?

Es klingt sperrig, ist wirklich kompliziert und trotzdem sind sie in Deutschland ein Verkaufsschlager: In der **langen Phase der Niedrig- und Negativzinsen** wurden fondsgebundene Rentenversicherungen, gleichermaßen bekannt als Fondspolicen, immer beliebter. Sie boten und bieten zumindest die Chance auf höhere Erträge als mit Zinsanlagen wie Tages- und Festgeld und klassischen privaten Renten- und Kapitallebensversicherungen. Diese brachten für Neukunden jahrelang kaum noch Zinsen.

Seit dem 1.1.2025 wurde der Höchstrechnungszins – der maximal mögliche Garantiezins für Neuverträge – von seinem historischen Tiefstand von 0,25 % wieder auf 1,0 % angehoben. Dennoch bleibt die garantierte Verzinsung damit oft hinter den aktuellen Marktzinsen zurück.

Es gibt aber noch einen anderen Teil der Wahrheit: Die Fondspolicen werden von Vermittlern, Versicherungsvertretern und Bankern gerne verkauft, weil die **Provisionen** in der Regel hoch sind, oft zusätzlich beworben unter Bezeichnungen wie »nachhaltig«, **»Grüne Rente«** oder **»Klimarente«.** Das oft genutzte Motto lautet: »Rendite und Nachhaltigkeit verbinden«. Alle großen Versicherer und Anbieter bieten inzwischen solche Produkte an, weil die Nachfrage nach »grünen« Anlagen rasant zugenommen hat.

Die Angebote sind jedoch nur schwer zu durchschauen, oft sehr teuer, ihr **Nachhaltigkeitsversprechen** ist nicht immer gedeckt, und sie sind nicht für jeden Sparer geeignet. Wichtig ist deshalb zu prüfen, welche tatsächlichen Kosten anfallen und wie streng die Nachhaltigkeitskriterien des jeweiligen Produkts definiert sind. Das folgende Kapitel zeigt deshalb, für wen fondsgebundene Rentenversicherungen – ob mit oder ohne Nachhaltigkeitsfokus – überhaupt infrage kommen und worauf Sie bei der Auswahl achten sollten.

11.1 Was sind fondsgebundene Rentenversicherungen und wie funktionieren sie überhaupt?

Das Angebot klingt verheißungsvoll und fast wie eine eierlegende Wollmilchsau der Geldanlage und Altersvorsorge. **Fondsgebundene Rentenversicherungen** kombinieren eine Fondsanlage mit einer Rentenversicherung und versprechen gleich dreierlei Dinge:

- **Rendite:** Die Beiträge, die der Kunde oder die Kundin regelmäßig bei der ausgewählten Versicherung einzahlt, fließen nach Abzug von Kosten für Verwaltung und Vertrieb in einen oder mehrere Investmentfonds. Die Fonds sammeln das Geld der Anleger, das in verschiedene Vermögenswerte wie Aktien, Anleihen oder Immobilien angelegt wird. Die Kunden sind also mit dem Sparanteil ihrer Beiträge an der Wertentwicklung der Fonds beteiligt. Dadurch erhöhen sich die Chancen auf gute Renditen und auf eine attraktive Zusatzrente. Umgekehrt sind aber auch Verluste möglich, vor allem dann, wenn die Auswahl der Fonds nicht optimal war und die womöglich hohen Kosten der Anlage erheblich auf die Rendite drücken.
- **Rente:** Die Versicherung suggeriert Sicherheit und sorgt dafür, dass bei der Auszahlung des angesparten Vermögens die Kunden eine lebenslange Rente erhalten und damit vor dem Risiko geschützt sind, irgendwann im Alter ohne zusätzliche Altersvorsorge beziehungsweise Zusatzrente auskommen zu müssen. Wie hoch die Rente ausfällt, ist allerdings in der Einzahlungsphase offen. Dies lässt sich nicht voraussagen, es hängt ja von der Wertentwicklung der Fonds ab. Insofern sollten Anleger um Vertreter lieber einen Bogen machen, die ihnen suggerieren wollen, mit der Versicherung ließe sich das »Langlebigkeitsrisiko« garantiert und ausreichend absichern.

- **Steuervorteile:** Versicherungsvertreter werben außerdem gerne mit Steuervorteilen, vor allem, weil in der Ansparphase keine Steuern auf die Erträge der Fonds anfallen. Erst bei Auszahlung fallen Steuern an, wobei hier oft das sogenannte **Halbeinkünfteverfahren** zur Anwendung kommt, sofern bestimmte Voraussetzungen erfüllt sind (z.B. Vertragsdauer von mindestens 12 Jahren und Auszahlung nach dem 62. Lebensjahr, gemäß § 20 Abs. 1 Nr. 6 EStG).

Am weitesten verbreitet sind fondsgebundene Rentenversicherungen mit der sogenannten **aufgeschobenen Rentenzahlung:** Die Versicherten bauen das Kapital für die spätere Rentenzahlung durch die Zahlung regelmäßiger Beiträge über einen längeren Zeitraum auf, idealerweise über mehrere Jahrzehnte. Beliebt, vor allem bei Anlegern, die bereits ein größeres Vermögen haben, sind aber auch Einmalzahlungen. Dabei wird ein größerer Betrag, zum Beispiel 50.000,– € oder 100.000,– €, eingezahlt, und nach Ende der vereinbarten Laufzeit wird aus dem Kapitalstock und den Erträgen die lebenslange Rente ausgezahlt.

Vor Beginn der Auszahlung haben die Sparer die Wahl: Sie können sich entscheiden, das angesparte Kapital auf einen Schlag auszahlen zu lassen oder eine monatliche, lebenslange Rente zu beziehen. Die meisten Versicherer bieten zudem die Möglichkeit, Hinterbliebene abzusichern. In diesem Fall wird bei Vertragsabschluss festgelegt, wie lange die Zusatzrente auf jeden Fall ausgezahlt wird. Das ist die sogenannte **Rentengarantiezeit.** Stirbt der Versicherte während dieser Garantiezeit, erhalten zum Beispiel der Ehegatte/die Ehegattin oder die Kinder die Renten weiter ausbezahlt.

Doch was passiert mit dem angesparten Geld, wenn der Versicherte noch während der Einzahlungsphase stirbt? Auch das lässt sich mit der Versicherung regeln. So können die Hinterbliebenen (im Versicherungsfachjargon: die Begünstigten) zum Beispiel das vorhandene Vertragsguthaben ausgezahlt bekommen oder die bisher eingezahlten Prämien inklusive der erzielten Wertzuwächse erhalten.

11.2 Für wen sind Fondspolicen geeignet?

Fondsgebundene Rentenversicherungen eignen sich für Menschen,

- die ihre Anlage nicht selbst managen wollen und das lieber einer Versicherung überlassen wollen, von der sie glauben, sie könnten das besser (was aber gar nicht der Fall sein muss).
- die das Risiko einer Fondsanlage eingehen wollen, sich also bewusst sind, dass die Fonds im Wert schwanken und damit trotzdem ruhig schlafen können.
- die fürs Alter zusätzlich vorsorgen wollen.
- die lebenslang eine Zusatzrente bekommen wollen.
- die nach einer Anlage suchen, die als nachhaltig beworben wird, weil sie glauben, sie könnten dann mit ihrem Geld etwas für den Klimaschutz tun oder zumindest verhindern, dass ihr Geld für »schmutzige Geschäfte« verwendet wird.
- die daran interessiert sind, während ihres Erwerbslebens für die Erträge ihrer Geldanlagen möglichst wenig oder gar keine Steuern zu zahlen.
- die davon überzeugt sind, dass sie zum Beispiel 20, 30 oder 35 Jahre bis zum Rentenalter die vereinbarten Sparbeiträge leisten können und die feste Absicht haben, so lange durchzuhalten. Häufig passiert aber das Gegenteil: Private Rentenversicherungen und Lebensversicherungen werden vorzeitig gekündigt, etwa wegen einer Scheidung, eines Hauskaufs oder unerwarteter längerer Arbeitslosigkeit. Nach Berechnungen des Bunds der Versicherten (BdV) haben nach 27 Jahren bereits die Hälfte aller Kunden ihren Vertrag vorzeitig gekündigt.

11.3 Vorsicht vor falschen Versprechungen: Der Rentenfaktor

Lassen Sie sich nicht von einem zugesicherten Rentenfaktor blenden. Am Rentenfaktor ist abzulesen, wie viel Rente für ein angesammeltes Kapital von 10.000,– € monatlich ausgezahlt wird. Ein Beispiel der **Verbraucherzentrale Niedersachsen:** Bei einem Rentenfaktor von 25 und einem Kapital von 42.000,– € beträgt die monatliche Rente 105,– €. Um das Kapital (unverzinst) zurückzuerhalten, müsste die Rente 33 Jahre und 4 Monate gezahlt werden.

Bei **fondsgebundenen Rentenversicherungen** wird oft beim Abschluss des Vertrags der **Rentenfaktor** lediglich prognostiziert. Aber selbst, wenn er garantiert wird, ist diese Garantie nicht rechtlich bindend und kann eingeschränkt werden. Viele Versicherer haben den Rentenfaktor bereits gekürzt, unter Hinweis auf die **lange Null- und Niedrigzinsphase.**

Logischerweise ist auch keine bestimmte Rente garantiert, weil die Höhe der ausgezahlten Rente ja von den **Kursentwicklungen an den Börsen abhängt** und sich deshalb nicht voraussagen lässt. Derzeit wird vor Gericht gestritten, ob Versicherer den Rentenfaktor vor Beginn der Auszahlungsphase einfach so kürzen können.

11.4 Wie läuft das mit den Garantien?

Wenn Kunden dies wünschen, lassen sich auch bei Fondspolicen bestimmte Garantien vereinbaren. Das bedeutet, dass der oder die Versicherte zum Beispiel einen bestimmten Anteil der eingezahlten Beiträge zum Ende der Vertragslaufzeit garantiert zurückerhält. So können Kunden bei manchen Anbietern vor Vertragsabschluss beispielsweise in Schritten von 10-Prozent-Punkten ein Garantieniveau von beispielsweise 10 % bis 80 % festlegen. Oder der Versicherer garantiert, den höchsten Marktwert auszuzahlen, den die Fonds an bestimmten vorab definierten Stichtagen erreicht haben **(Höchststandgarantie).**

! Jede Garantie geht jedoch zulasten der Rendite. Denn je höher die vereinbarte Garantie, desto größer der Anteil des Kapitals, den der Versicherer in risikoarme Anlagen wie das eigene Sicherungsvermögen umschichten muss, was wiederum die Renditechancen schmälert. Außerdem lassen sich die Anbieter derartige Sicherheiten oft durch explizite Gebühren bezahlen. In vielen Fällen ist es daher kostengünstiger, sich bei Bedarf selbst einen Sicherheitsbaustein in das private Fondsportfolio einzubauen, zum Beispiel mit Festgeld oder kostengünstigen Anleihen-ETFs. Bei Letzteren handelt es sich um an der Börse gehandelte Indexfonds, die die Kursentwicklung eines bestimmten Anleihenindex widerspiegeln.

11.5 Wer übernimmt die Auswahl der Fonds?

Fondspolicen sind nur so gut wie die in ihnen enthaltenen Fonds. Umso wichtiger ist die **Auswahl der geeigneten Fonds.** Kunden stehen dabei in der Regel zwei Wege offen:

- **Verwaltetes Portfolio durch den Versicherer:** Sie vertrauen den Ratschlägen ihres Beraters und überlassen die Auswahl und den Mix der Fonds dem Versicherer. Dann besteht jedoch die Gefahr, dass Vermittler aufgrund von Provisionsinteressen nicht immer die für den Kunden optimale Anlagestrategie empfehlen. Entscheidet man sich für diesen Weg, wählt der Versicherer nach der vorgegebenen Strategie die Fonds aus verschiedenen Anlageklassen wie Aktien, Anleihen oder Rohstoffen aus und legt die Höhe ihrer Anteile im Portfolio fest, je nachdem, welches Risiko der oder die Versicherte eingehen möchte. Durch das Auf und Ab der Kurse verschieben sich jedoch die Anteile ohne eigenes Zutun. Steigen die Kurse am Aktienmarkt, steigt zum Beispiel der Aktienanteil. Das entspricht aber nicht mehr dem ursprünglich ausgewählten Mix und der Gewichtung. Der Versicherer übernimmt dann gleichzeitig das sogenannte **Rebalancing.** Dabei wird – meist einmal im Jahr – der beim Abschluss festgelegte Mix wiederhergestellt, indem zum Beispiel nach einem Kursanstieg der Aktienfonds die überzähligen Anteile verkauft und dafür Anteile an Anleihenfonds gekauft werden. Dieses Ausbalancieren des Portfolios erhöht die Chance, langfristig eine gute Rendite zu erwirtschaften.

- **Selbstmanagement durch den Kunden:** Die Kunden können aber auch selbst das Management ihrer Fonds in der Fondspolice übernehmen, wenn sie sich dies zutrauen und bereit sind, sich regelmäßig damit zu befassen. In diesem Fall sind sie selbst dafür verantwortlich, die ursprüngliche Gewichtung der Anlageklassen durch regelmäßiges Rebalancing bei Bedarf wiederherzustellen.

! Beide Varianten haben im Vergleich zu einem Fondsdepot, das nicht in einem Versicherungsmantel steckt, zwei wesentliche Vorteile: Es fallen keine Transaktionskosten für den Kauf und Verkauf der Fonds an. Auch die Steuern, die normalerweise auf realisierte Gewinne fällig sind, werden in der Ansparphase nicht berechnet. Wird innerhalb eines Versicherungsvertrags umgeschichtet, ist dies für Kunden in der Regel kosten- und steuerfrei.

Egal ob selbst gemanagt oder vom Versicherer gemanagt, die Fondspolicen haben einen **großen Nachteil:**

! Kunden können die Fonds nicht beliebig aus dem gesamten Fondsuniversum auswählen wie bei einer normalen Fondsanlage. Die Auswahl ist auf die Fonds beschränkt, die der Versicherer anbietet. Auswahl und Qualität dieser Angebote lassen jedoch nicht selten zu wünschen übrig.

Untersuchungen von Finanzexperten und Verbraucherschützern zeigen immer wieder, dass häufig in Fonds angespart wird, die ihre beste Zeit hinter sich haben. Auch prüfen Versicherer die angebotenen Fonds zu selten.

Hinzu kommt: Sobald aktiv gemanagte Fonds in der Fondspolice stecken, wird das Produkt sehr teuer. Grund dafür sind **hohe laufende Fondskosten und zusätzliche Verwaltungskosten** für den Versicherungsmantel. Leider werden aber meist solche Policen verkauft bzw. in der Beratung empfohlen, da die Provisionen für den Vermittler bei diesen Produkten oft höher ausfallen.

! Denken Sie ebenfalls daran, dass kostengünstige börsengehandelte Indexfonds (ETFs) auf lange Sicht meist besser abschneiden als vergleichbare gemanagte Fonds. Sie sollten deshalb den jeweiligen Anbieter unbedingt selbst nach ETFs fragen. Das kann sich lohnen, weil mehr und mehr Versicherer auf den ETF-Zug aufspringen.

11.6 Wie hoch sind die Kosten und welche Folgen haben die Kosten für die möglichen Renditen?

Die **Finanzaufsicht BaFin** hat in einer Untersuchung die Kosten von Lebensversicherungen analysiert. Den Aufsehern fiel dabei auf, dass die Kosten bei den Fondspolicen »signifikant höher über den Werten der klassischen Lebensversicherung« liegen. Dabei gilt die Grundregel: Je kürzer die Vertragslaufzeit, desto höher sind tendenziell die Effektivkosten. Mit diesen wird angegeben, wie stark die jährliche Rendite eines Versicherungsprodukts durch die insgesamt anfallenden Kosten gemindert wird. Im von der BaFin gewichteten Mittel lagen die Kosten für fondsgebundene Lebensversicherungen bei 1,90 %.

Es gebe aber auch Versicherer, bei denen »die Effektkosten fondsgebundener Produkte oberhalb von 4 % liegen«, merkt die Finanzaufsicht kritisch an. Die Aufseher halten dies für problematisch, denn für die Versicherten bedeutet das: »Erst wenn die zugrundeliegenden Kapitalanlagen entsprechend hohe Renditen erreichen, würden sie einen Anlagegewinn erzielen.« Wie exorbitant hoch die Kosten ausfallen können, lässt sich nach einem Blick ins Basisinformationsblatt der Fondspolice zumindest abschätzen.

» Der Musterkunde für die Fondspolice eines Versicherers ist 37 Jahre alt und zahlt 30 Jahre in den Vertrag ein. Erfolgt der Ausstieg wie geplant nach 30 Jahren, liegen die Kosten laut dem Basisinformationsblatt zwischen 6.123,– € bis 16.555,– € oder 1,2 % bis 4,5 % pro Jahr. Darunter steht im Kleingedruckten: »Wenn Sie beispielsweise zum Ende der empfohlenen Haltedauer aussteigen, wird Ihre durchschnittliche Rendite pro Jahr voraussichtlich 2,4 % bis 4,7 % vor Kosten und –2,1 % bis 3,5 % nach Kosten betragen.« Läuft es an den Börsen weniger gut, kann laut dem Infoblatt die jährliche Durchschnittsrendite nach Kosten sogar zwischen –7,9 % und –0,8 % betragen. Das heißt, der Kunde bekommt am Ende unter Umständen weniger Geld heraus, als er eingezahlt hat.

! Fondspolicen sollten für Sie eigentlich nur infrage kommen, wenn die Kosten insgesamt so niedrig sind wie bei einer normalen Anlage in ETFs. Beim Kostenvergleich sollten Sie aber bedenken, dass bei den Fondspolicen die effektiven Gesamtkosten vorab noch gar nicht feststehen, sondern nur anhand von Musterfällen und verschiedenen Entwicklungen an den Kapitalmärkten prognostiziert werden. Auch ist es ein Trugschluss zu glauben, die in Euro aufsummierten Kosten wären schon alles. Die indirekten Kosten durch den entgangenen Zinseszinseffekt sind viel größer als die bezahlten Kosten, weil das Geld für die Kosten ja nicht angelegt wird und keine Erträge erwirtschaften kann.

11.7 Kosteneinsparungen durch Nettotarife

Nettotarife, auch **Honorartarife** genannt, sind deutlich günstiger als die üblichen Versicherungstarife. Während bei **Bruttotarifen** (Provisionstarifen) die Vermittlerprovision bereits in den Vertragsbedingungen einkalkuliert ist, werden diese Kosten bei Nettotarifen vollständig eliminiert. Stattdessen wird eine separate Vergütung für die Beratung vereinbart.

Diese **Kostenersparnis** ist nicht nur theoretisch, sondern hat praktische Auswirkungen: Bei Nettotarifen kann ein erheblicher Teil der sonst anfallenden Kosten eingespart werden. Zusätzlich entfallen die üblichen Abschlusskosten.

11.7.1 Beispiel-Vergleich: LV 1871

Die fondsgebundene Police »Mein Plan« des Versicherers LV 1871 ist als Provisions- und Nettotarif erhältlich. In dem **Basisinformationsblatt** heißt es dazu: »Nachhaltigkeitsfaktoren im Sinne von Umwelt-, Sozial- und Arbeitnehmerbelangen, Achtung der Menschenrechte, Bekämpfung von Korruption und Bestechung werden in der Kapitalanlage des Produkts berücksichtigt«.

- **Der Musterfall:** Eine 37-jährige Person zahlt 30 Jahre lang jährlich 1.000,– € in den Vertrag ein.
- **Nettotarif:** Erfolgt der Ausstieg wie geplant nach 30 Jahren, belaufen sich die Kosten auf 2.946,– € bis 7.403,– €. Die Rendite sinkt um 0,6 bis 1,6 Prozentpunkte pro Jahr.
- **Provisionstarif:** Die Kosten betragen hingegen zwischen 5.397,– € bis 8.664,– €. Die Rendite verringert sich um 1,2 bis 2,0 Prozentpunkte pro Jahr.

Nur müssen Sie erst einmal an einen Vertrag mit Nettotarif kommen.

11.7.2 Möglichkeit 1: Die Honorarberatung

Sie gehen zu einem **Honorarberater,** der Nettotarife anbieten kann. Honorarberater sind Finanzdienstleister, die ihre Vergütung nicht über Produktprovisionen, sondern über direkte Honorarzahlungen des Kunden erhalten. Achten Sie auf eine entsprechende Zulassung als Honorar-Finanzanlagenberater (§ 34h GewO) oder Versicherungsberater (§ 34e GewO).

! Auch hier müssen Sie auf die Kosten achten. Die Stundensätze liegen üblicherweise zwischen 150,– € und 250,– € pro Stunde. Nicht immer liegt das in einem vernünftigen Verhältnis zu der erbrachten Leistung.

11.7.3 Möglichkeit 2: Verhandlung mit Vermittlern

Sie fragen Vermittler grundsätzlich nach **alternativen Vergütungsmodellen.** Darunter können auch Nettotarife fallen. Gerade bei hohen Einmalbeträgen sollten Sie mit dem Vermittler verhandeln. Der grundlegende Beratungsaufwand ist oft ähnlich, egal ob jemand monatlich 100,– € oder auf einen Schlag 100.000,– € anlegt.

! Nicht alle Vermittler haben Zugang zu Nettotarifen. Nur etwa 70 der insgesamt rund 430 Versicherungsunternehmen in Deutschland bieten überhaupt Nettotarife an. Zudem sind echte Nettotarife meist nicht direkt beim Versicherer abschließbar – Sie benötigen einen entsprechend qualifizierten Vermittler. Bevor Sie eine fondsgebundene Lebensversicherung abschließen, sollten Sie daher immer die Effektivkosten im Basisinformationsblatt genau prüfen, verschiedene Angebote vergleichen und aktiv nach kostengünstigen Nettotarifen fragen.

11.8 Beispiele für nachhaltige Fondspolicen

Nachhaltige Fondspolicen unterscheiden sich hinsichtlich Fondsauswahl, Gewichtung und der Art der Fonds (indexbasiert oder aktiv gemanagt) teils deutlich voneinander. Zwei Beispiele verdeutlichen die Bandbreite nachhaltiger Ausgestaltungen (keine Anlageempfehlung):

11.8.1 Beispiel 1: Die »Klimarente« der LV 1871

Die LV 1871 bietet im Rahmen ihrer MeinPlan-Fondspolicen die sogenannte »**Klimarente**« an. Hierbei arbeitet der Versicherer mit der Investmentgesellschaft »**Ökoworld**« zusammen, die vergleichsweise strenge Nachhaltigkeitskriterien anlegt. Investiert wird in fünf Ökoworld-Fonds, die auf Zukunftsthemen wie Wasser, Gesundheit, Ernährung, Bildung und Energieeffizienz setzen.

Ausschlusskriterien

Es werden Unternehmen ausgeschlossen, die in Bereichen wie Atomkraft, Kohle, Erdöl, Chlorchemie, offener Gentechnik und Militär tätig sind. Weitere Ausschlusskriterien sind Diskriminierung, Kinder- und Zwangsarbeit, Raubbau an natürlichen Ressourcen sowie vermeidbare Tierversuche. Damit soll sichergestellt werden, dass Investitionen möglichst konsequent bestimmte ethische und ökologische Mindeststandards berücksichtigen.

Kosten

Ökoworld-Fonds gelten als vergleichsweise kostenintensiv. Die Gesellschaft begründet dies mit dem hohen Aufwand bei der weltweiten Auswahl geeigneter Unternehmen. Verbraucherschützer merken jedoch an, dass nur ein Teil der Kosten tatsächlich auf den erhöhten ESG-Managementaufwand zurückzuführen sei; ein weiterer Anteil der Kosten stehe im Zusammenhang mit Vertriebsprovisionen, die von Verbraucherschützern kritisch gesehen werden.

11.8.2 Beispiel 2: Pangaea Life – Sachwertefonds mit Nachhaltigkeitsfokus

Pangaea Life GmbH ist die nachhaltige Marke der Versicherungsgruppe »**die Bayerische**«. Im Fokus stehen zwei Sachwertefonds, die innerhalb einer fondsgebundenen Rentenversicherung angeboten werden:

- **Pangaea Life Blue Energy:** Ein Artikel-8-Fonds, der überwiegend in Erneuerbare-Energien-Anlagen wie Photovoltaik, Wind- und Wasserkraft investiert. Seit Auflage am 1.9.2017 erzielte der Fonds eine durchschnittliche Bruttorendite von rund 9 % pro Jahr (vor Kosten).
- Der **Pangaea Life Blue Living,** ebenfalls ein Artikel-8-Fonds, investiert in nachhaltige Immobilien weltweit, aber besonders in deutschen Großstädten. Seit Auflage am 1.6.2021 wuchs der Wert des Fonds pro Jahr um brutto rund 6 %.

Besonderheiten

Beide Fonds investieren nicht in klassische, börsengehandelte Aktien- oder Immobilienfonds, sondern direkt in Sachwerte. Ziel ist es, die Wertentwicklung weniger abhängig von den Schwankungen der Börse zu machen. Mieteinnahmen und Erlöse aus dem Stromverkauf sorgen für planbare Erträge. Diese Form der Investition wird auch als »Direktinvestition in Real Assets« bezeichnet und unterscheidet sich klar von herkömmlichen Wertpapierfonds.

Kosten

Die jährlichen Kosten liegen laut Anbieter zwischen 0,8 % und 1,2 %, um die die Rendite reduziert wird. Aufgrund der Kostenstruktur lohnt sich eine Investition in der Regel eher bei höheren monatlichen Beiträgen; für kleine Sparraten (z.B. 25,– € oder 50,– € monatlich) kann der Kostenanteil im Verhältnis zur Anlagesumme zu hoch sein.

! Nachhaltige Fondspolicen können sehr unterschiedlich ausgestaltet sein – von streng nachhaltigen Aktienfonds bis hin zu Sachwertelösungen mit Fokus auf erneuerbare Energien oder Immobilien. Die Auswahl der Fonds, deren Kostenstruktur und die konkreten Nachhaltigkeitskriterien sollten Sie vor Abschluss sorgfältig prüfen. Besonders bei aktiv gemanagten Fonds ist auf die laufenden Kosten und deren Zusammensetzung zu achten, da diese die Rendite spürbar mindern können. Für kleinere Sparbeträge sind kostengünstigere und standardisierte Lösungen, etwa breit gestreute Indexfonds (ETFs), oft sinnvoller.

11.9 Wie finde ich gut bewertete nachhaltige Fondspolicen?

Nachhaltig und renditestark anzulegen, gelingt am einfachsten mit Fonds. Die Vor- und Nachteile von nachhaltigen, passiven und aktiv gemanagten Varianten sind bekannt. Doch wie lassen sich gut bewertete nachhaltige Fondspolicen identifizieren?

Eine **umfassende Marktübersicht** existiert bislang nicht – der Markt ist zu intransparent und heterogen. Die **Stiftung Warentest** hat jedoch die Angebote von 29 Versicherern analysiert, die Sparbeiträge in mindestens einen der von ihr empfohlenen, ethisch-ökologischen und weltweit anlegenden Fonds investieren.

11.9.1 Ergebnisse der Stiftung Warentest

- **Fondsangebot:** Die meisten Versicherer bieten zumindest einen der empfohlenen Fonds oder nachhaltigen ETFs an. Die Auswahl ist jedoch oft stark begrenzt.
- **Vielfalt:** Mindestens drei der empfohlenen Fonds/ETFs bieten laut Analyse folgende Anbieter: Allianz, Condor, Continentale, HDI, Inter, Interrisk, LV 1871 und Volkswohl Bund.

- **Kosten:** Die Gesamtkosten (bei 30 Jahren Laufzeit und 100,– € monatlicher Einzahlung) variieren erheblich: von günstigen 0,40 % beim iShares MSCI World SRI ETF der Hannoverschen (Tarif Fondsrente FR) bis zu 3,38 % beim Ökoworld Ökovision über Inter (Tarif MeinLeben Privatrente).

11.9.2 Auswahl nachhaltiger Fonds im Versicherungsmantel

Wer gezielt nachhaltige Fonds in seiner **Fondspolice** nutzen möchte, muss die Fondsangebote der jeweiligen Versicherer genau prüfen. Wie dies im Detail funktioniert, wurde bereits erläutert. Die »eier legende Wollmilchsau« – also ein Fonds, der alle **ESG-Kriterien** lückenlos erfüllt, gleichzeitig kostengünstig ist und dauerhaft überdurchschnittliche Renditen erzielt – existiert jedoch nicht.

11.9.3 Warnungen vor Greenwashing und irreführenden Nachhaltigkeitsversprechen

Die **Verbraucherzentralen** warnen regelmäßig vor Produkten, die nachhaltiger erscheinen, als sie tatsächlich sind, oder deren Nachhaltigkeitsanspruch nicht den Erwartungen der Anleger entspricht. Mehrere Versicherer und Fondsgesellschaften mussten auf Druck der Verbraucherzentralen bereits Werbeaussagen zurückziehen oder Unterlassungserklärungen abgeben.

» Die Versicherung »Die Stuttgarter« bietet Fondspolicen unter dem Label »GrüneRente« an. Die Verbraucherzentrale Baden-Württemberg kritisierte, dass die bloße Berücksichtigung einzelner Kriterien nicht automatisch für tatsächliche Nachhaltigkeit spricht. Trotz außergerichtlicher Unterlassungserklärung wirbt der Anbieter weiterhin mit Aussagen wie: »So fördern Sie mit Ihrer persönlichen Altersvorsorge die Zukunftsfähigkeit von Umwelt und Gesellschaft.«

Auch Fondsgesellschaften wie die **DWS** mussten schwammige Werbeaussagen zurücknehmen, etwa zu angeblich vollständigem Ausschluss kontroverser Sektoren oder zur gezielten Wirkung auf den Klimawandel, ohne diese ausreichend zu belegen.

11.9.4 Darauf sollten Anleger achten

Unabhängig davon, ob Sie nachhaltige Fondspolicen oder nachhaltige Fonds wählen, sollten Sie die Wirkungsversprechen kritisch hinterfragen. Die tatsächliche Wirkung nachhaltiger Geldanlagen lässt sich oft nur schwer nachweisen. Dabei ist zu unterscheiden: Die Wirkung, die Anleger mit ihrer Anlageentscheidung hervorrufen **(Investor Impact),** und die Wirkung, die auf Ebene des Unternehmens mit dem anvertrauten Kapital entsteht **(Company Impact).**

- **Investor Impact:** Die Wirkung, die Sie als Anleger mit Ihrer Investition erzielen (z.B. Finanzierung eines neuen Solarparks, der ohne Ihr Kapital nicht entstanden wäre).
- **Company Impact:** Die Wirkung, die das Unternehmen mit dem investierten Kapital erzielt (z.B. Beitrag zur Energiewende durch Bau neuer Windkraftanlagen – entscheidend ist, ob dadurch tatsächlich CO_2-Emissionen reduziert werden).

! Die Auswahl gut bewerteter nachhaltiger Fondspolicen erfordert sorgfältige Recherche und einen kritischen Blick auf die tatsächliche Nachhaltigkeit der angebotenen Fonds. Kosten, Transparenz und Glaubwürdigkeit der Nachhaltigkeitsversprechen sollten stets hinterfragt werden. Eine unabhängige Bewertung, wie sie etwa Stiftung Warentest vornimmt, kann eine wertvolle Orientierung bieten, ersetzt aber nicht die individuelle Prüfung des jeweiligen Produkts.

11.9.5 Versicherung mit Fonds oder Fondssparplan – was ist besser?

Ob eine **fondsgebundene Rentenversicherung** oder ein **Fondssparplan** die bessere Wahl ist, lässt sich nicht pauschal beantworten. **Stiftung Warentest** weist darauf hin, dass das Ergebnis stark von individuellen Faktoren wie Kosten, Renditeerwartungen, steuerlicher Situation und der geplanten Nutzung im Alter abhängt. In vielen Vergleichen liegen die Unterschiede nur bei wenigen Prozentpunkten.

Ob Fondssparplan oder fondsgebundene Rentenversicherung – steuerlich bestehen jedenfalls deutliche Unterschiede. Erträge aus Fonds und ETFs unterliegen bei Ausschuttung oder Verkauf der Abgeltungsteuer (25 % zuzüglich Solidaritätszuschlag und gegebenenfalls Kirchensteuer). Gleichzeitig werden Aktienfonds mit einer Teilfreistellung von 30 %, Mischfonds mit 15 % (Immobilienfonds 60 % bzw. 80 %) begünstigt; außerdem steht jedem Anleger ein Sparer-Pauschbetrag von 1.000,– € (2.000,– € bei Zusammenveranlagung) für Kapitaleinkünfte zu.

Allerdings unterliegen Fonds einer **Mindestbesteuerung** mit der **Vorabpauschale.** Diese Steuer wird selbst dann erhoben, wenn der Fonds keine Ausschüttungen leistet oder die Ausschüttungen unter diesem Mindestbetrag liegen. Thesaurierende Fonds werden also jährlich mit der Vorabpauschale besteuert. Die Vorabpauschale ist eine steuerliche Vorauszahlung auf zukünftige Wertsteigerungen von Investmentfonds, die Anleger jährlich entrichten müssen, auch wenn sie ihre Fondsanteile noch nicht verkauft haben. Beim Verkauf wird diese Steuer dann angerechnet.

Bei **fondsgebundenen Rentenversicherungen** hingegen bleibt die Ansparphase steuerfrei: Weder Abgeltungsteuer noch Vorabpauschale fallen an (Steuerstundung bis Auszahlung). Entscheidet man sich für eine Kapitalauszahlung nach mindestens zwölf Jahren Vertragsdauer und ab Vollendung des 62. (bei Altverträgen vor 2012: 60.) Lebensjahres, wird gemäß § 20 Abs. 1 Nr. 6 EStG nur 50 % des Gewinns angesetzt – und zwar zum **persönlichen Einkommensteuersatz,** nicht per Abgeltungsteuer.

Voraussetzung ist ein ausreichend hoher **Mindest-Todesfallschutz** (bei laufenden Beiträgen i.d.R. mindestens 50 % der gezahlten Beiträge; bei Einmalbeitrag mindestens ca. 10 % über dem Deckungskapital). Alternativ kann eine lebenslange Rente gewählt werden: In der Rentenphase wird nur der Ertragsanteil besteuert (z.B. 17 % bei Rentenbeginn mit 67 Jahren, 18 % mit 65, 21 % mit 62, 22 % mit 60).

12 Nachhaltiger Robo-Advisor: Was von Anlagerobotern zu halten ist

Die Idee klingt verlockend: Geld anlegen, ohne sich selbst darum kümmern zu müssen, und gleichzeitig etwas Gutes für die Umwelt tun. Möglich sein soll dies mit sogenannten **Robo-Advisors.** Dabei handelt es sich um **digitale Vermögensverwalter.** Hinter ihnen steht eine Software, die das Geld der Anleger mithilfe von Computer-Algorithmen meist in börsennotierte Indexfonds (ETFs) und klassische Investmentfonds investiert. Teilweise werden auch direkte Anlagen in Aktien oder Anleihen vorgenommen. Das System erstellt automatisch ein Portfolio, das sich im Laufe der Zeit und abhängig von den Angaben der Anleger anpassen lässt.

Die Anlageroboter nehmen den Kunden damit die Aufgabe ab, das eigene Vermögen selbst zu verwalten und möglichst breit und sinnvoll zu streuen. Verkauft wird dies als »**maßgeschneiderte Geldanlage**« – und mit zusätzlichen Marketing-Versprechen wie etwa dem Hinweis, für jedes neue Depot einen Baum zu pflanzen. Ob diese Bäume jedoch noch in ein paar Jahren gedeihen, ist fraglich. Für die sachliche Bewertung des Anlageprodukts spielt dieser Aspekt allerdings nur eine Nebenrolle.

Die Anzahl der nach eigenen Angaben nachhaltig orientierten Robo-Advisors ist in den vergangenen Jahren auf rund 20 gestiegen, heißt es beim Verbraucherportal **Biallo,** das den Anlageerfolg der »Robos« monatlich analysiert. Das ist keine Überraschung, schließlich lassen sich Produkte mit dem Etikett »nachhaltig« besser verkaufen – sofern die Nachhaltigkeitskriterien transparent und nachvollziehbar sind.

Das führt zu der Frage, wie die Anlageroboter die nachhaltigen Fonds auswählen. Zunächst müssen die Kunden, ob nachhaltig orientiert oder nicht, online einen Fragebogen ausfüllen. Darin geben sie an, welchen Aktienanteil sie für ihr Portfolio wünschen, wie lange sie anlegen wollen, wie sie mit möglichen Verlusten an der Börse zurechtkämen, welches Risiko sie eingehen möchten sowie ob und welche ökologischen oder sozialen Themen im Mittelpunkt stehen sollen.

Aus den Antworten ergibt sich, wie das Portfolio zusammengestellt wird. Wobei die Portfolios nur in geringem Maße wirklich individualisiert sind. Schließlich werden die Fonds aus Körben ausgewählt, die bereits vorab zusammengestellte Produkte enthalten. Es steht folglich nur ein begrenztes Angebot zur Auswahl – und nicht die Gesamtheit aller nachhaltigen Fonds und ETFs.

Was die Auswahl der mehr oder weniger nachhaltigen Fonds und ETFs angeht, kennen Sie die Antwort bereits. Es werden sowohl positive (erfüllt der Fonds die ESG-Normen) wie negative Kriterien angewandt (welche Sektoren oder Praktiken werden ausgeschlossen). Hinzu kommt das **»Best-in-Class«-Prinzip:** Ausgewählt werden Fonds mit Aktien von Unternehmen, die innerhalb ihrer Branche bei der Nachhaltigkeit vergleichsweise gut abschneiden. Daher drängt sich die Frage auf, wie nachhaltig die Robos nun wirklich sind.

Wenn Sie sich in Erinnerung rufen, was im Kapitel über Fonds stand, werden Sie davon wenig überrascht sein. Natürlich finden sich auch im Portfolio der nachhaltig firmierenden Robo-Advisor etliche ETFs mit Aktien, die kaum ein Anleger mit Nachhaltigkeit verbinden würde. Wer Wert auf strengere Kriterien legt, muss einen Robo-Advisor wählen, der auch aktiv gemanagte Fonds enthält, für die im Idealfall strengere Kriterien bei der Auswahl gelten als bei passiven ETFs.

ECOreporter hat im Jahr 2023 zehn nachhaltige Robo-Advisor getestet. Das Ergebnis: »Bei der Nachhaltigkeit der Produkte gibt es erhebliche Unterschiede«. So eigneten sich die Anbieter **GLS onlineInvest** und **Triodos Impact Portfolio Manager** eher für Anleger, die es mit Nachhaltigkeit sehr genau nehmen. »Mit leichten Abstrichen«, so ECOreporter, gelte dies auch für die Anbieter **Vividam** und **Inyova.** »Die übrigen Anbieter sind deutlich konventioneller.

Wer im **Rendite-Vergleich** vorne liegt, entnehmen Sie der folgenden Tabelle. Aber Vorsicht: Die meisten Anbieter haben in den vergangenen Jahren stark vom Aktienboom profitiert – unabhängig von besonderem Geschick. Auch zeigt der Wettbewerbsvergleich: Ein Anleger, der je zur Hälfte in einen (begrenzt) nachhaltigen Aktien-ETF und einen nachhaltigen Anleihen-ETF investiert hätte, hätte die Mehrzahl der getesteten Robo-Advisor übertroffen. Und einen Baum können Sie gegebenenfalls ebenfalls selbst pflanzen – und mit etwas Glück, wie der Autor dieses Textes, eine Ernte einfahren, etwa von einem eigenen Apfelbaum.

Nachhaltige Robo-Advisor (Auswahl)

Anbieter	Performance		Kosten p.a.	Mindestanlage	Sparplan ab
	1	2			
Bevestor	2,5 %	10,2 %	0,80 €	500,– €	25,– €
Ginmon	6,5 %	10,8 %	0,75 €	keine	50,– €
Growney	5,9 %	9,6 %	0,68 €	500,– €	25,– €
Quirion	6,0 %	10,1 %	0,48 €	1,– €	25,– €
Scalable	7,0 %	11,2 %	0,75 €	1.000,– €	20,– €
Smavesto	3,2 %	5,1 %	1,00 €	1.000,– €	50,– €
Visualvest	7,1 %	11,5 %	0,60 €	500,– €	25,– €
Vividam	4,8 %	8,2 %	1,18 €	500,– €	50,– €
Zeedin	6,8 %	10,9 %	k.A.	25.000,– €	250,– €
Evergreen	7,3 %	12,0 %	0,79 €	keine	keine

Bei Growney, Ginmon, Scalable, Quirion, Bevestor und Visualvest ist Nachhaltigkeit optional; Kosten für nachhaltige Strategien können leicht über Standard liegen.

Die tatsächliche Rendite kann je nach gewählter Risikostufe, Marktentwicklung und Portfoliozusammensetzung abweichen. Die Angaben sind ohne Gewähr und stellen keine Anlageempfehlung dar.

13 Genossenschaften: Wie Sie Genosse werden, Dividenden kassieren und dabei auch noch Gutes tun können

Friedrich Wilhelm Raiffeisen, einer der Väter der Genossenschaftsidee, hat es einmal so formuliert: »Was dem Einzelnen nicht möglich ist, das vermögen viele.« Mehr als 150 Jahre später ist dieser Gedanke noch immer wegweisend. Gemeinsam ein Ziel zu erreichen, geht meist leichter und schneller als im Alleingang. Das gilt auch für den Wunsch vieler Menschen, etwas für die Energiewende und gegen die Klimazerstörung zu tun – und am besten damit auch noch Geld zu verdienen. Und das muss kein Hirngespinst sein, vor allem **Energiegenossenschaften** machen es möglich.

13.1 Die Energiegenossenschaften

In Deutschland gibt es bundesweit bereits mehr als 900 **Energiegenossenschaften.** Beteiligt sind daran mittlerweile mehr als 250.000 Bürger mit einem investierten Kapital von über 2,5 Milliarden Euro. Jedes Mitglied kann Anteile erwerben, je nach Genossenschaft zum Beispiel ab 50,– €, 200,– € oder 500,– € je Anteil.

Mit dem Geld aus dem Verkauf der Anteile finanzieren die Genossenschaften zum Beispiel **Photovoltaik-Anlagen** auf Wohnanlagen oder errichten kleine **Windparks** sowie Photovoltaikanlagen auf Freiflächen. Vorteile: Das Geld bleibt oft in der Region, in der die Energiegenossenschaft entstanden ist. Handwerker der heimischen Wirtschaft bekommen Aufträge. Jedes Mitglied kann sehen, was mit dem eigenen Geld geschieht – anders etwa als beim Kauf eines mehr oder weniger nachhaltigen ETFs oder beim Kauf einer Solar-Aktie auf dem Sekundärmarkt, bei der lediglich der bisherige Eigentümer der Aktie das Geld erhält.

! Kauft man hingegen einen Genossenschaftsanteil direkt von der Genossenschaft, fließt das Kapital unmittelbar in deren Projekte. Allerdings ist eine solche Beteiligung auch mit Risiken verbunden: Die Anteile sind nicht täglich handelbar und im Falle einer Insolvenz der Genossenschaft droht ein Totalverlust des eingesetzten Kapitals.

Es gibt aber auch überregional tätige Genossenschaften, die nachhaltig wirtschaften wollen, ohne immer Energiegenossenschaften zu sein. Zu den bekanntesten und größten zählen beispielsweise die Bank im Bistum Essen, die **GLS Bank, Green Planet Energy,** die **Oekogeno, Oikocredit** (über den deutschen Förderkreis), **Prokon Regenerative Energien,** einige PSD Banken oder der Spar- und Bauverein Dortmund.

Ob lokal oder überregional – im Idealfall hat die Investition in eine Genossenschaft noch einen schönen Nebeneffekt: Für die Mitglieder gibt es oft eine **Dividende,** also eine Beteiligung am Gewinn der Genossenschaft, ähnlich wie bei Aktionären, die gezielt Aktien von verlässlichen Dividendenzahlern wie etwa der Deutschen Telekom oder der Allianz kaufen. Deshalb können auch Genossenschaftsanteile eine interessante Form der nachhaltigen Geldanlage sein.

! Potenzielle Anleger sollten sich jedoch vor einer Investition stets gründlich mit der Satzung, dem Geschäftsmodell und den Risiken der jeweiligen Genossenschaft auseinandersetzen. Dazu gehört ebenfalls die Prüfung, ob eine Nachschusspflicht für Mitglieder besteht, auch wenn diese heute bei den meisten Neugründungen ausgeschlossen wird.

13.2 Die Risiken der Mitgliedschaft in einer Genossenschaft

Eine **Mitgliedschaft in einer Genossenschaft** ist nicht ohne **Risiken:**

- **Dividenden sind nicht garantiert:** Es gibt keine aktuelle, bundesweite Analyse zur Höhe und Kontinuität der Dividendenzahlungen von Energiegenossenschaften. Sie sollten daher stets in den Geschäftsberichten der jeweiligen Genossenschaft prüfen, wie solide diese in der Vergangenheit gewirtschaftet hat, wie Gewinne erzielt wurden und wie hoch die Dividende pro Anteil in den vergangenen Jahren war. In der Regel liegt eine realistische Dividendenrendite bei 2 % bis 4 %. Die Dividenden gelten als Einkünfte aus Kapitalvermögen (§ 20 EStG) und unterliegen daher der Steuerpflicht, wobei der Sparerpauschbetrag genutzt werden kann. Beachten Sie jedoch, dass nicht alle Energiegenossenschaften eine Dividende auszahlen. Die Generalversammlung der Mitglieder trifft diese Entscheidung jedes Jahr neu.
- **Finanzielle Stabilität prüfen:** Prüfen Sie, wie solide die Genossenschaft finanziert ist. Ein wichtiger Indikator hierfür ist eine hohe Eigenkapitalquote, da sie die Genossenschaft unabhängiger von Banken macht und die Zinslast senkt. Eine Finanzierung gänzlich ohne Kredite ist bei kapitalintensiven Projekten wie Windparks unrealistisch; entscheidend ist ein gesundes Verhältnis von Eigen- zu Fremdkapital.
- **Unternehmerisches Risiko:** Die Aussicht auf eine ordentliche Dividende mag verlockend sein, doch eine Garantie für deren Zahlung gibt es nicht. Weniger Sonnentage, weniger Wind, eine fehlerhafte Kalkulation, geänderte rechtliche Rahmenbedingungen wie beim **Erneuerbare-Energien-Gesetz** (EEG) oder fehlende Fachkompetenz in der Geschäftsführung – all dies kann die Wirtschaftlichkeit beeinträchtigen und die Gewinne schmälern.

- **Vorsicht bei hohen Renditeversprechen:** Seien Sie misstrauisch bei unverhältnismäßig hohen Gewinnversprechen. Sie können ein Zeichen für ein unseriöses Genossenschaftsmodell sein. Einzelne Skandale in der Vergangenheit, etwa bei als Genossenschaften getarnten Schneeballsystemen im Wohnungsbau, haben gezeigt, wie die Genossenschaftsidee missbraucht werden kann, um mit unrealistischen Renditen Anleger zu locken.

- **Keine Einlagensicherung:** Für Ihre Anteile an einer Genossenschaft gibt es keine Einlagensicherung. Es handelt sich um eine unternehmerische Beteiligung, nicht um eine Spareinlage bei einer Bank. Im schlimmsten Fall droht der Totalverlust. Investieren Sie daher nur einen sehr geringen Teil Ihres Vermögens in eine Genossenschaft. Oft ist die Zahl der erwerbbaren Anteile ohnehin begrenzt. Zudem kommt es vor, dass eine Genossenschaft vorübergehend keine neuen Mitglieder aufnimmt, weil keine neuen Projekte zu finanzieren sind (Aufnahmestopp).

- **Nachschusspflicht prüfen und ausschließen:** Prüfen Sie in der Satzung der Genossenschaft unbedingt, ob eine sogenannte Nachschusspflicht besteht. Ist dies der Fall, könnten Sie im Insolvenzfall verpflichtet sein, über Ihre ursprüngliche Einlage hinaus Geld nachzuschießen, um Verluste auszugleichen. Eine solche Nachschusspflicht sollte in der Satzung explizit ausgeschlossen sein. Ist das nicht der Fall, sollten Sie als sicherheitsbewusster Anleger von einem Anteilserwerb absehen.

- **Langfristige Kapitalbindung:** Investieren Sie nur Geld, das Sie in den nächsten Jahren sicher nicht benötigen. Die Satzung der Genossenschaft regelt die Kündigungsfristen für Ihre Anteile, die sehr lang sein können, zum Beispiel fünf Jahre zum Jahresende. Beachten Sie zudem, dass die Auszahlung Ihres Auseinandersetzungsguthabens in der Regel erst nach der Feststellung des Jahresabschlusses für das Geschäftsjahr erfolgt, in dem die Kündigung wirksam wird. Dies kann zu weiteren Verzögerungen von mehreren Monaten führen.

Trotz aller möglichen Risiken kann eine Mitgliedschaft in einer **nachhaltig aufgestellten Genossenschaft** lukrativ sein. Schließlich gibt es – neben der Dividende – jede Menge Vorteile: Mitglieder können selbst mitbestimmen. Jedes Mitglied hat unabhängig von der Zahl der Anteile eine Stimme. Eine Genossenschaft ist damit urdemokratisch. Anders als bei einer Hauptversammlung einer Aktiengesellschaft kann nicht einfach ein Großaktionär diejenigen mit geringen Anteilen überstimmen.

Hinzu kommt: Die Kosten sind meist überschaubar, der Vorstand von lokalen Energiegenossenschaften arbeitet oft ehrenamtlich. Es gibt zudem keine hohen sogenannten **»Weichkosten«** (wie beispielsweise Provisionen für den Vertrieb), wie sie beim Vertrieb von geschlossenen Fonds üblich sind. Und idealerweise werden die ehrenamtlich tätigen Führungskräfte der Genossenschaft von den örtlichen Stadtwerken, den regionalen Stromversorgern oder der Genossenschaftsbank vor Ort unterstützt.

Jede Genossenschaft muss außerdem **Mitglied eines Prüfungsverbands** sein, der regelmäßig kontrolliert, ob die Genossenschaft rechtlich korrekt und wirtschaftlich arbeitet. Diese Pflichtprüfung ist im Genossenschaftsgesetz (GenG) verankert und dient dem Schutz der Mitglieder.

Sie sollten auch darauf achten, nicht auf **unseriöse Anbieter** hereinzufallen.

! So gibt es Unternehmen, die als Genossenschaften öffentlich auftreten, um nachhaltig orientierte Geldanleger anzulocken. Doch in Wirklichkeit geht es ihnen darum, private Kreditgeber für nachrangige Darlehen zu gewinnen, häufig mit langen Laufzeiten und ohne die Möglichkeit für den Gläubiger, vorzeitig zu kündigen. Die versprochenen hohen Zinsen gibt es nur, wenn die kreditfinanzierten Projekte wirklich Überschüsse abwerfen.

Schlimmstenfalls kommt es zur Insolvenz. Die Kreditgeber, also die Geldanleger, werden dann »nachrangig« behandelt, heißt: Zunächst erhalten alle anderen Gläubiger Geld – vorausgesetzt, nach einer Pleite ist überhaupt noch etwas vorhanden. Erst dann sind – wenn überhaupt – die Geber des Nachrangdarlehens an der Reihe. Für Anleger bedeutet das ein hohes Risiko bis hin zum Totalverlust.

13.3 Kennzeichen seriöser Genossenschaften

Wie seriös ist eine womöglich nachhaltig arbeitende Genossenschaft? Wenn Sie darauf eine Antwort erhalten wollen, sollten Sie prüfen, ob die Genossenschaft auf ihrer Homepage **transparent** über ihre Geschäfte informiert, einem **Prüfungsverband** angehört und einen Ansprechpartner hat, dem Sie konkrete Fragen stellen können. Konkret sollten Sie nach folgenden Dokumenten suchen:

- der **aktuellen Satzung,**
- den **Jahresabschlüssen** der letzten Jahre und
- den **Protokollen der Generalversammlungen.**
- **Wie lange** gibt es die Genossenschaft schon?
- War sie bislang **mit allen Projekten erfolgreich** oder wurde schon Geld von Mitgliedern in den Sand gesetzt?

Wenn Sie hier durchweg **positive Antworten** erhalten, sind Sie vermutlich bei einer guten Adresse gelandet.

14 Geschlossene Fonds: Der teure Weg zum nachhaltigen Investment

Nachhaltig orientierte Anleger, die an unternehmerischen Beteiligungen interessiert sind, können auch in **geschlossene Fonds** investieren. Angeboten werden die Fonds als **Publikums-AIF,** also als **Alternative Investmentfonds gemäß Kapitalanlagegesetzbuch** (KAGB). Sie bieten die Chance, in (Groß-)Projekte zu investieren und an den Erträgen zu partizipieren.

Die Fonds werden üblicherweise als GmbH & Co. KG konzipiert und die Anleger beteiligen sich als **Kommanditisten** an der Gesellschaft. Das bedeutet, sie sind Partner mit beschränkter Haftung. Damit sind sie unternehmerische Teilhaber, allerdings mit stark eingeschränkten Mitspracherechten. Wichtig ist dabei das Verständnis, dass dies eine unternehmerische Beteiligung mit einem entsprechenden Risiko ist, das bis zum Totalverlust des eingesetzten Kapitals führen kann.

Wird ein geschlossener Fonds ins Leben gerufen, legt der Initiator zunächst fest, wie viel Geld für ein bestimmtes Investitionsprojekt eingesammelt werden soll. Dann ziehen die Vertriebstruppen los, um das nötige Anlegergeld einzusammeln. Die Kosten für Sie als Investor sind dabei oft erheblich: Neben einem **Ausgabeaufschlag** (Agio) von typischerweise rund 5 % fallen oft weitere sogenannte **»weiche Kosten«** für Konzeption und Vertrieb an, die insgesamt 15 % bis 20 % des Anlagekapitals ausmachen können.

Ist die gewünschte Summe vorhanden, können keine neuen Investoren mehr einsteigen und der Fonds ist »geschlossen«. Auch die oft sehr lange Laufzeit des Fonds, die nicht selten zehn bis 20 Jahre oder mehr beträgt, ist schon bei Beginn festgelegt.

Investiert wird meist in **klassische Sachwerte** wie Immobilien, Schiffe, Flugzeuge oder auch Container bis hin zu Eigenkapitalbeteiligungen an Unternehmen **(Private Equity).** Zunehmend werden aber auch zahlreiche Projekte im Sektor regenerative Energien durch

Kapital aus geschlossenen Publikums-AIF finanziert, wie Windparks, Wasserkraftanlagen, Solarparks oder ein Biomasse-Kraftwerk. Daher können sie für nachhaltig orientierte Anleger durchaus eine Alternative sein.

! Mit klassischen, börsengehandelten Investmentfonds und ETFs haben diese Fonds nichts gemein. So sind geschlossene Fonds nicht an der Börse handelbar und sie lassen sich nicht jederzeit kaufen und verkaufen. Dies geht, wenn überhaupt, nur über den sogenannten Zweitmarkt. Ob und in welchem Umfang und zu welchen Kursen ein Handel stattfindet, hängt davon ab, wie es um Angebot und Nachfrage beim jeweiligen Fonds steht. Normalerweise sind geschlossener Fonds daher eine sehr unflexible unternehmerische Beteiligung.

14.1 Die Risiken der Anlage in geschlossene Fonds

Die **Anlage in geschlossenen Fonds** (sogenannte geschlossene Alternative Investmentfonds – AIF), ob nachhaltig oder nicht, ist allerdings mit zahlreichen Risiken und hohen Kosten verbunden. Die **Nachteile im Überblick:**

- **Hohes Investitionsrisiko (Klumpenrisiko):** Anders als bei herkömmlichen Investmentfonds konzentrieren sich viele geschlossene Fonds beim Investitionsziel auf ein einzelnes Objekt, zum Beispiel einen Windkraftpark an einem bestimmten Standort. Das Risiko wird also nicht auf verschiedene Investitionsobjekte verteilt. Das erhöht das Risiko für die Fondsanteilskäufer, das eingesetzte Kapital teilweise oder vollständig zu verlieren. Fehlentscheidungen des Fondsmanagements oder eine fehlerhafte Kalkulation des Projekts können im schlimmsten Fall zum Totalverlust führen.
- **Fehlende Flexibilität:** Anleger binden sich oft über zehn Jahre und teilweise noch länger an den Initiator bzw. die Kapitalverwaltungsgesellschaft (KVG), weil ein vorzeitiger Ausstieg in der

Regel nicht vorgesehen ist. Brauchen die Anleger unerwartet das Geld aus ihrer Beteiligung, kommen sie an das Kapital nicht heran – oder womöglich nur, indem sie mit (hohen) Verlusten am Zweitmarkt, den Handelsplätzen für »gebrauchte« Beteiligungsmodelle, ihre Anteile loswerden. Mit Einbußen beim vorzeitigen Verkauf ist vor allem dann zu rechnen, wenn sich bereits früh abzeichnet, dass die wirtschaftliche Entwicklung des Fonds negativ verläuft.

- **Zusätzliches Kreditrisiko:** Geschlossene Fonds sammeln Eigenkapital ein. Doch dieses deckt oft nur einen Bruchteil der Gesamtinvestition ab. Die Finanzierungslücke wird dann mit Bankkrediten geschlossen, sodass sich das Verlustrisiko erhöht, wenn die Erträge niedriger ausfallen als die Kreditzinsen. Im schlimmsten Fall können die Kreditverpflichtungen nicht mehr bedient werden, was zur Insolvenz des Fonds führen kann.
- **Enorme Kosten:** Beteiligungsmodelle sind mit beträchtlichen sogenannten »**Weichkosten**« verbunden, die vor allem auf die hohen Vertriebsprovisionen zurückzuführen sind. Vor einer Anlageentscheidung sollten Verbraucher daher die Investitionsrechnung gründlich studieren und besonders auf die Ausgaben für die Beschaffung des Kapitals sowie Management- und Konzeptionshonorare achten. Bei manchen Fonds können diese Kosten bis zu 20 % der Anlagesumme ausmachen. Das bedeutet in der Praxis: Um bei einer solchen Kostenquote auf Sicht von zehn Jahren für den Anleger eine Jahresrendite von 4 % zu erzielen, muss das Investitionsobjekt jährlich 6,3 % Gewinn erwirtschaften – ein ziemlich ambitioniertes Unterfangen.
- **Geringe Transparenz und Aufsicht über den wirtschaftlichen Erfolg:** Seit Inkrafttreten des Kapitalanlagegesetzbuchs (KAGB) im Jahr 2013 unterliegen Anbieter geschlossener Fonds zwar der Aufsicht durch die Bundesanstalt für **Finanzdienstleistungsaufsicht (BaFin)** und benötigen eine Erlaubnis. Die BaFin prüft dabei jedoch nicht die wirtschaftliche Tragfähigkeit oder die Sinnhaftigkeit des Anlagekonzepts. Ob ein Projekt rentabel ist

oder Nachhaltigkeitsversprechen tatsächlich eingehalten werden, wird nicht staatlich kontrolliert. Für Anleger ohne tiefgehende Marktkenntnis bleibt daher das Risiko, an einen Anbieter zu geraten, dessen Fondskonzept nicht aufgeht. Eine behördliche Erlaubnis ist somit keine Garantie für den wirtschaftlichen Erfolg der Anlage.

Sie haben es längst gemerkt: Wir halten solche **Beteiligungsmodelle für hochriskant und wenig empfehlenswert,** unabhängig davon, ob sie nachhaltig ausgerichtet sind. Trotzdem stellen wir Ihnen hiermit einmal ein Beispiel vor, das natürlich **nicht als Anlageempfehlung unsererseits zu verstehen** ist.

14.2 Die European Long-Term Investment Funds

Die Europäische Union will die sogenannten **European Long-Term Investment Funds** (ELTIF) mit einer seit dem 10.1.2024 geltenden neuen EU-Verordnung (»ELTIF 2.0«, Verordnung (EU) 2023/606) stärken, um den Wandel hin zu einer nachhaltigeren Wirtschaftsweise in Europa zu beschleunigen. Diese ELTIF gibt es bereits seit 2015, sie sind aber noch wenig populär, obwohl sie eine Untergattung der in Deutschland bekannten Alternativen Investmentfonds (AIF) sind. Auch mit den ELTIF können Sie als mitbeteiligter Unternehmer in langfristige, nicht börsennotierte Projekte investieren, etwa in erneuerbare Energien, Infrastruktur oder kleine und mittlere Unternehmen.

Darunter gibt es auch Angebote, die gemäß Artikel 9 der **EU-Offenlegungsverordnung** (SFDR) positiv auf Klima und Umwelt wirken sollen.

14.3 Der klimaVest von Commerz Real

Dazu zählt der Fonds **klimaVest** (ISIN LU2183939003), den die Commerzbank-Tochter **Commerz Real** herausgebracht hat. Nach Angaben der Gesellschaft hatten zuletzt mehr als 30.000 Anleger über 2 Mrd. Euro in den Fonds investiert. Geplant ist weiterhin ein Emissionsvolumen von bis zu 10 Mrd. Euro.

Auf der Homepage wirbt der Anbieter mit dem Slogan: »Die Energiewende wird real: Jetzt gestalten wir die Energieversorgung von morgen.« Tatsächlich hat der Fonds bereits in mehr als 50 Solar- und Windparks in sechs EU-Ländern investiert und sein Portfolio jüngst um eine Beteiligung am Übertragungsnetzbetreiber Amprion erweitert. Geplant ist ein weiterer Ausbau, »von E-Mobilität über Gastransport und -verteilung bis hin zu Energy Storage«, heißt es auf der Homepage.

Als **empfohlene Mindestanlagedauer** nennt die Gesellschaft weiterhin fünf Jahre. Ein großer Vorteil des klimaVest im Vergleich zu klassischen geschlossenen Fonds: Der Fonds veröffentlicht börsentäglich Rücknahmekurse und nimmt Anteile bis zu 500.000,– € banktäglich zurück. Das soll den Einstieg erleichtern, schließlich reicht die theoretische Laufzeit bis 2070.

Wer in diesen Fonds investieren will, sollte jedoch folgende Chancen und Risiken bedenken:

Risiken, Einstiegshürden und Kosten

Anleger müssen mindestens 10.000,– € investieren. Der einmalige Ausgabeaufschlag liegt aktuell bei 4 %. Die Gesamtkostenquote betrug im vergangenen Geschäftsjahr 1,25 %. Das Basisinformationsblatt nennt bei einem Anlagebetrag von 10.000,– € und einer Haltedauer von fünf Jahren im mittleren Szenario eine erwartete durchschnittliche Bruttorendite von 7,85 % p.a. und eine Nettorendite von 4,43 % p.a. nach Kosten; die werden dabei mit 1.710,– € beziffert.

Zuletzt profitierte der Fonds von gestiegenen Strompreisen; zugleich erzielt er planbare Erträge aus Einspeisevergütungen und langfristigen Stromabnahmeverträgen. Der Fonds darf bis zu 30 % Fremdkapital aufnehmen, was die Renditechancen, aber auch das Risiko erhöht. Commerz Real strebt weiterhin eine risikoadjustierte Zielrendite von 4,5 % p.a. bei einer geplanten Gewinnausschüttung von 1,5 % bis 2,0 % p.a. an.

Projektentwicklungs- und Baurisiken, steigende Zins- und Baukosten sowie mögliche Zahlungsausfälle von Stromabnehmern können die Wirtschaftlichkeit beeinträchtigen. Zudem besteht das Risiko temporärer Rücknahmebeschränkungen, falls die Liquidität des Fonds nicht ausreicht.

Fazit: klimaVest bietet Vorteile wie börsentägliche Handelbarkeit, vergleichsweise moderate Kosten und eine nachweisbar positive ökologische Wirkung. Die Rücknahmeregeln sind anlegerfreundlich. Die Renditechancen bleiben jedoch begrenzt und sind nicht garantiert.

! Wer in geschlossene Fonds oder ähnliche Beteiligungen mit nachhaltiger Wirkung investieren will, sollte genügend Zeit für eine gründliche Angebotsprüfung einplanen. Fehlt diese Zeit oder Fachkenntnis, ist ein Verzicht ratsam. Je transparenter der Anbieter sein Produkt erklärt, desto besser. Emittenten, die ihre Gewinnprognosen nicht nachvollziehbar belegen, gelten als unseriös. Abstand ist insbesondere von Blind-Pool-Angeboten zu nehmen, bei denen zu Beginn nicht klar ist, in welche Projekte das Geld fließt. Wer nur 10.000,– € zur Verfügung hat und nicht diversifizieren kann, sollte von einem Einzelinvestment absehen.

15 Per Crowdinvesting an nachhaltigen Unternehmen beteiligen: Spannend, aber riskant

Die Idee war womöglich gar nicht so schlecht: Die **Regensburger Grünzeug GmbH** wollte einen komplett nachhaltigen und einwegverpackungsfreien Lieferdienst mit dem Namen »vanilla bean« aufziehen. Über die Crowdplattform **Companisto** sollten 750.000,– € für »vanilla bean« eingesammelt werden. Doch daraus wurde nichts. Laut investmentcheck.de kamen rund 280.000,– € von 334 Anlegern zusammen. Die Grünzeug GmbH meldete Insolvenz an. Inwieweit die Anleger noch etwas von ihrem Geld zurückbekommen haben, ist nicht nachvollziehbar – sehr wahrscheinlich gingen sie aber leer aus.

Die Pleite ist nur ein Beispiel von vielen. Wer sich an einer **Schwarmfinanzierung** – oft auch **Crowdinvesting** genannt – beteiligt, also mit anderen Anlegern eher kleinere Beträge in einzelne Projekte investiert, läuft Gefahr, sein Geld vollständig zu verlieren. Denn bei den meisten Angeboten handelt es sich um sogenannte **Nachrangdarlehen.** Das bedeutet: Sollte das Unternehmen insolvent werden, in das Geld investiert wird, kommen die Geldgeber aus der Crowd erst nach allen anderen Gläubigern an die Reihe. Vor ihnen sind stets Banken, Lieferanten und andere Fremdkapitalgeber an der Reihe, und das bedeutet wiederum: In der Insolvenzmasse ist meist kein Geld mehr übrig, um die Anleger zu bedienen.

Mehr noch: Firmen, die sich Geld über **Nachrangdarlehen** holen, sind bereits vor einer möglichen Insolvenz nicht mehr verpflichtet, Ansprüche von Anlegern zu befriedigen, wenn sie dadurch selbst in Gefahr geraten, Insolvenz anmelden zu müssen. Fachleute sprechen vom qualifizierten Rangrücktritt. Das heißt aber nicht, dass es nicht auch lohnende Crowdinvesting-Projekte für nachhaltig orientierte Anleger gibt. Wichtig ist, die Risiken zu kennen und genau hinzusehen. Aber der Reihe nach.

Was Sie vor einem Investment beachten sollten

Ob Windräder, Biogasanlagen, Solaranlagen in Afrika oder andere Projekte – Anleger können per Crowdinvesting gemeinsam mit anderen ein ökologisches Landwirtschaftsprojekt oder etwa Bewässerungssysteme in Marokko finanzieren. Das geht relativ einfach: Sie melden sich bei einer der Plattformen wie Ecozins, Econeers, Ecoligo oder GLS Crowd an. Mitmischen können Investoren meist schon ab 250,– €. Versprochen werden jährliche Renditen von häufig 4 % bis 8 %.

Doch dabei gilt es, die Angebote kritisch zu prüfen und auf die folgenden Punkte zu achten:

- Ein Investment per Crowd ist eine unternehmerisch wirkende Geldanlage in Form eines Darlehens. Anders als beim Kauf von Aktien werden Sie jedoch kein Miteigentümer des Unternehmens. Sie tragen also ein höheres Risiko, Ihr Geld zu verlieren, haben dafür aber auch die Chance auf höhere Renditen – etwa im Vergleich zu Festgeld oder Geldmarktfonds.

  ! Geeignet sind die Angebote deshalb nur für Anleger, die das investierte Geld fünf, zehn oder teilweise noch mehr Jahre nicht benötigen – und im Notfall einen Totalverlust verschmerzen können.

- Vor einem Investment sollte man auch als Laie versuchen, das Unternehmen zu prüfen: Was will es mit meinem Geld machen? Scheint das eine gute Geschäftsidee für die Zukunft zu sein? Ist der Markt noch offen oder nicht schon längst gesättigt, weil es bereits Konkurrenten gibt, die dieselbe Geschäftsidee hatten? Wie viele Schulden hat das Unternehmen?
- Liegen aktuelle Jahresabschlüsse vor? Sind nur veraltete Abschlüsse nachlesbar, ist das ein Warnsignal.
- Lassen Sie sich nicht von grünen Marketingslogans und vollmundigen Versprechungen blenden. Nicht selten steckt dahinter nichts als heiße Luft, wie die Ausfallstatistiken zeigen.

> **!** Wer es trotz des Pleiterisikos mit Crowdinvesting probieren will, sollte das Risiko streuen. Also lieber je 1.000,– € in fünf Projekte stecken als 5.000,– € in ein Projekt, auch wenn das deutlich aufwändiger ist.

All das heißt nicht, dass es nicht auch viele erfolgreiche nachhaltige Crowd-Investments gibt. Bei aller Kritik bleibt eines festzustellen: Eine solche Geldanlage hat tatsächlich einen direkten (positiven) Einfluss. Schließlich fließt das Geld der Anleger direkt ins Unternehmen.

Wer hingegen an der Börse zum Beispiel die Aktie eines Windkraft-Unternehmens kauft, gibt zunächst einmal nur dem Verkäufer der Aktie Geld. Die Aktiengesellschaft hat nur indirekt etwas davon: Steigt der Börsenwert, weil viele die Aktien kaufen, kann das Unternehmen aber zum Beispiel leichter neue Projekte finanzieren, weil Banken einer AG mit einer hohen Marktkapitalisierung eher Geld vorstrecken.

16 Kohlenstoffdioxid-Zertifikate: So wetten Sie auf den Preis des Klimas

Schmelzende Gletscher in den Alpen, jährlich wiederkehrende Hitzewellen, trockene Wälder, steigender Meeresspiegel – die Zerstörung des Weltklimas schreitet fort. Einer der bekanntesten Hauptverursacher ist Kohlenstoffdioxid (CO_2). Das farblose Gas, das nicht nur bei der Verbrennung von Kohle und Gas entsteht, trägt jedoch nicht nur dazu bei, die Temperaturen auf dem Planeten Erde zu erhöhen. Mit CO_2 lässt sich auch Geld verdienen – und das können inzwischen sogar Privatanleger. Nur, wie funktioniert das überhaupt? Welche Risiken gibt es? Und kann das dem Klima wirklich nützen? Hier die Antworten auf die wichtigsten Fragen.

16.1 Wie ist der Emissionshandel entstanden?

Am Anfang gab es einen ambitionierten Vorsatz: Die Europäische Union (EU) will bis 2030 die CO_2-Emissionen um 55 % verglichen mit dem Jahr 1990 verringern. Um das zu erreichen und das internationale Klimaschutzabkommen von Kyoto von 1997 umzusetzen, hat die EU 2005 den europäischen Emissionshandel eingeführt. Vorher durften energieintensive Unternehmen wie zum Beispiel Stahlwerke einfach kostenlos die Atmosphäre mit CO_2 und anderen Gasen vollpumpen.

Seit 2005 kostet das die Firmen Geld. Um Emissionen ausstoßen zu können, benötigen sie Emissionsrechte. Diese erwerben die Unternehmen in Form von CO_2-Zertifikaten vom jeweiligen Heimatstaat. Mit einem CO_2-Zertifikat dürfen sie dann innerhalb eines bestimmten Zeitraums eine Tonne Kohlendioxid durch ihre Schornsteine blasen. Es gibt aber politisch festgelegte Obergrenzen für den Ausstoß derjenigen Betriebe, die der Pflicht zum Emissionshandel unterliegen. Wer mehr CO_2 in die Erdatmosphäre jagt, als das jeweilige Schadstoff-Budget vorsieht, muss Emissionsrechte nachkaufen.

Wer modernisiert und weniger Kohlendioxid ausstößt, kann seine übrig gebliebenen Emissionsrechte weiterverkaufen.

Zwei Ziele sind damit verbunden:

- In die Staatskassen kommt Geld, das idealerweise wieder in den Klimaschutz fließen soll.
- Sich für Klimaschutz zu entscheiden, kann für Unternehmen ökonomisch rentabel sein: Es muss nur günstiger sein, in eine klimafreundliche Technologie zu investieren, als CO_2-Zertifikate zu kaufen. Voraussetzung: Der CO_2-Preis ist entsprechend hoch genug.

Direkt mit solchen Emissionsrechten können aber nur Industriekonzerne, Banken, Hedgefonds oder andere professionelle Investoren handeln, etwa an der **Energiebörse EEX** in Leipzig. Für Privatanleger ist dies nicht erlaubt. Aber es gibt für sie einen Umweg: Anleger, die auf den Anstieg des CO_2-Preises wetten wollen, können dies über Anlagezertifikate tun. Hierbei handelt es sich um Derivate, also um Finanzprodukte, deren Preisentwicklung von einem ihnen zugrundeliegenden Basiswert abhängt, in diesem Fall also vereinfacht gesagt vom CO_2-Preis.

16.2 Wer bietet CO_2-Zertifikate an?

Zahlreiche Institute versuchen sich das Geschäft mit dem Klimawandel nicht entgehen zu lassen. Dazu zählen etwa die französische Geschäftsbank **Société Générale** (SG), die **HypoVereinsbank,** die US-Großbank **Morgan Stanley,** das Züricher Investmenthaus **Vontobel** oder die US-Investmentfirma **WisdomTree.** Alle Anbieter sind in Deutschland aktiv. Die CO_2-Zertifikate können Sie über eine Depotbank/Discountbroker wie Fonds/ETF kaufen und verkaufen.

16.3 Wie funktionieren die Zertifikate?

Die Zertifikate bilden den Preis für CO_2 nicht hundertprozentig eins zu eins ab. In der Regel wird der Preis über einen Index abgebildet. Dieser gibt an, wie sich der CO_2-Preis mit der Zeit verändert. Hinzu kommt: Die Anbieter der Zertifikate nehmen ebenfalls über einen Umweg am **Handel mit Emissionsrechten** teil, sie investieren in CO_2-Futures, also in Terminkontrakte mit einer zugrundeliegenden Emissionsberechtigung. Bei diesen Termingeschäften ist die Laufzeit begrenzt.

Da es sich bei den Zertifikaten in der Regel aber um **Endlos-Zertifikate** (im Fachjargon: **Open-End-Zertifikate**), also Derivate ohne bestimmte Laufzeit, handelt, müssen die Anbieter die Terminkontrakte »rollen«. Das heißt: Sie müssen ihre Kontrakte regelmäßig durch solche mit einem späteren, in der Zukunft liegenden Ablaufdatum ersetzen.

Die **HypoVereinsbank** teilt dazu warnend mit: »Dabei weicht der Kurs des auslaufenden Futures meist von der Notierung des nachfolgenden Futures ab. Beim Rollen in den nächsten Future kann es daher, abhängig vom Kurs des nachfolgenden Futures, zu sogenannten Rollgewinnen und -verlusten kommen. Notiert der nachfolgende Future höher als der aktuelle, kann es zu Rollverlusten kommen und umgekehrt.« Wenn Anbieter trotzdem suggerieren, dass ihre Kunden eins zu eins an der Entwicklung des CO_2-Börsenpreises partizipieren, ist dies zumindest irreführend. Der Kurs des Zertifikats und der Börsenpreis können allein schon wegen des Rollvorgangs voneinander abweichen. Nicht zu unterschlagen sind außerdem die inneren Kosten für die Zertifikate.

» Ein Beispiel ist das »Partizipations-Zertifikat« der Société Générale auf den ICE EUA Futures (ISIN: DE000SH755G8). ICE steht dabei für den Namen der Terminbörse Intercontinental Exchange, an der die entsprechenden Futures gehandelt werden. EUA steht für European Union Allowance und entspricht einer europäischen CO_2-Emissionsberechtigung für eine Tonne CO_2. Die Management-Gebühr für dieses Zertifikat gibt SG an mit »3,50 % p.a.«. 3,5 % pro Jahr sind aber sogar noch mehr, als bei teuren gemanagten Aktienfonds an Verwaltungs- und Managementgebühren pro Jahr anfällt. Bei anderen CO_2-Zertifikate-Anbietern können die jährlichen Kosten unter 2 % liegen, aber selbst das ist im Vergleich zu den jährlichen Kosten von Exchange Traded Funds (ETF) noch ziemlich viel. Was also spricht dennoch für den Kauf von CO_2-Zertifikaten?

Der **CO_2-Preis** ist in den vergangenen Jahren bereits kräftig gestiegen, nicht zuletzt durch die politisch herbeigeführte Verknappung von CO_2-Emissionsrechten. Lag der Preis je Tonne CO_2 2013 noch bei 2,50 €, stieg er bis November 2020 auf knapp 24,– €, um bis auf gut 100,– € im Februar 2023 zu klettern. Zertifikate-Anleger, die zum richtigen Zeitpunkt ein- und ausgestiegen sind, konnten also durchaus Gewinne kassieren.

Dazu musste man allerdings schon sehr viel Glück haben – oder Hellseher sein. Denn der CO_2-Preis schwankt heftig. Bis Ende Februar 2024 sackte er auf 56,– € um fast die Hälfte ab. Zuletzt kostete die Tonne CO_2 wieder 73,– €. Ein Grund ist die geringe Nachfrage: Die Industrieunternehmen in Europa stellen weniger als erwartet her, so werden weniger fossile Brennstoffe verbraucht. Das senkt den Bedarf an Zertifikaten – die Preise sinken. Außerdem wird die Nachfrage durch eine erhöhte Produktion von erneuerbaren Energien reduziert.

16.4 Die wichtigsten Risiken im Überblick

- Zertifikate sind **Schuldverschreibungen.** Sie unterliegen keiner Einlagensicherung. Wird der Emittent zahlungsunfähig, können Anleger wie im Falle der Pleite der US-Investmentbank Lehman Brothers mit ihren Zertifikaten viel Geld verlieren. Anbieter teilen dazu lapidar mit: »Ein Totalverlust des eingesetzten Kapitals ist möglich.«

- Möglich sind natürlich auch Kursverluste, weil der CO_2-Preis nicht wie erwartet steigt, sondern sinkt. Zu beachten ist dies besonders bei sogenannten **Hebelzertifikaten:** Damit können Anleger zum Beispiel das Drei- oder Fünffache des Kursanstiegs gewinnen, aber eben auch verlieren.
- Bei **CO_2-Zertifikaten ohne Begrenzung der Laufzeit** hat der Emittent ein **Kündigungsrecht.** Anleger bekommen dann das Geld entsprechend des zum Zeitpunkt der Kündigung maßgebenden Kurses zurückgezahlt – mit dem Risiko dabei Verluste zu machen. Bei der Société Générale heißt es dazu: »Kommt es zu einer Kündigung, trägt der Anleger das Wiederanlagerisiko.«
- Die **CO_2-Bepreisung** könnte sozusagen Opfer ihres eigenen Erfolgs werden. Steigt der CO_2-Preis immer höher und bringt diese energieintensiven Betriebe in Existenznot, ist es nicht ausgeschlossen, dass manche Regierungen dem Druck der Industriekonzerne nachgeben und wieder mehr Emissionsrechte zur Verfügung stellen. Das würde die Kosten für die betroffenen Unternehmen verringern und Arbeitsplätze sichern. Dann würde aber auch der CO_2-Preis wieder sinken.
- Möglich ist auch, dass die Politik Hedgefonds oder Banken vom Handel mit CO_2-Zertifikaten ausschließt. Dann wäre eine wichtige Käufergruppe vom Markt verbannt. Auch dies könnte auf den Preis drücken.

! Sollte es Ihnen darum gehen, Ihr Geld nachhaltiger anzulegen, können Sie die CO_2-Zertifikate vergessen, auch wenn die Werbung der Banken suggerieren mag, Sie würden damit etwas Gutes für die Umwelt tun. Beim privaten Handel mit CO_2-Zertifikaten wandert das Geld vom Käufer zum Verkäufer und umgekehrt. Dadurch fließt aber kein zusätzlicher Cent in den Klimaschutz oder die Rettung des Planeten.

Ist für Sie der Funktionsmechanismus der Papiere so verständlich, dass Sie nachvollziehen können, wie Sie von einem Kauf profitieren können?

! Schauen Sie sich die Produktblätter genau an und prüfen Sie die Kosten. Bedenken Sie, dass der CO_2-Preis sehr schnell wieder fallen kann, wenn die Politik eingreift. Überlegen Sie sich vorher gut, ob Sie wirklich auf diesem Markt mitzocken wollen – wenn ja, tun Sie dies nur mit Geld, das Sie nicht unbedingt brauchen und dessen Verlust Sie verschmerzen können. Wollen Sie eine nachhaltige Geldanlage, sind Sie auf jeden Fall mit nachhaltigen Aktienfonds besser dran, sofern diese nachweislich in tatsächlich nachhaltig wirtschaftende Unternehmen investieren.

17 Wie nachhaltig soll es sein? Das wollen nicht nur Bankberater wissen

Nachhaltigkeit ist eigentlich das »Prinzip, nach dem nicht mehr verbraucht werden darf, als jeweils nachwachsen, sich regenerieren, künftig wieder bereitgestellt werden kann« (Duden). Der Begriff wurde in der Forstwirtschaft des 18. Jahrhunderts entwickelt. Nachhaltig ist es demnach, wenn nicht mehr Holz geschlagen wird, als wieder nachwächst.

Nachdem die Vereinten Nationen im Jahr 2015 in ihrer Agenda 2030 sich zu 17 globalen Zielen für eine bessere Zukunft verpflichtet haben und auch die EU das nachhaltige Wirtschaften fördern will, angetrieben durch Initiativen wie den EU-Aktionsplan zur Finanzierung nachhaltigen Wachstums (EU Sustainable Finance Action Plan), wurde das Thema nun auch in der Anlageberatung etabliert, zumindest auf dem Papier.

Raus aus Waffen, Öl und Gas, rein in Unternehmen, die in den Klimaschutz oder die Kreislaufwirtschaft investieren: Ob ein Kunde dies wünscht und wie im Detail – das soll seit dem 2.8.2022 auch Thema jedes Anlagegespräches mit einem Berater einer Bank oder einer Sparkasse sein (im Rahmen der **Finanzmarktrichtlinie MiFID II**).

Auch Versicherungsvertreter, die Kunden fondsgebundene Renten- und Lebensversicherungen empfehlen wollen, müssen entsprechend nachhaken (auf Basis der Versicherungsvertriebsrichtlinie IDD). Seit dem 20.4.2023 gilt dies auch für die hierzulande rund 37.000 freien Vermittler in Finanzvertrieben, deren Vergütung häufig auf Provisionen basiert, sowie für Honorarberater, die keiner Bank oder Versicherung angehören.

Seither sind alle genannten Beratergruppen gesetzlich verpflichtet, bei ihren Kunden die sogenannten **Nachhaltigkeitspräferenzen** abzufragen. Das bedeutet, sie müssten systematisch besprechen, was Nachhaltigkeit bei der Geldanlage im individuellen Verständnis bedeutet und wie stark ökologische oder soziale Aspekte gewichtet werden sollen. Aber was bedeutet das konkret für Anleger? Und läuft das in der Praxis wirklich so ab?

17.1 Welche neuen Vorschriften gelten bei der Anlageberatung?

Eine **korrekte Anlageberatung** sollte schon bisher so ablaufen, jedenfalls im Idealfall: Der Finanzberater analysiert mit Ihnen den finanziellen Ist-Zustand. Welche Anlagen haben Sie bereits? Wie viel Geld steht Ihnen zum Beispiel für das monatliche Sparen oder größere Investitionen zur Verfügung? Was sind Ihre finanziellen Ziele? Darüber hinaus werden Sie auch über Chancen, Risiken und mögliche Renditen von Investments aufgeklärt.

Seit Inkrafttreten eines EU-Regelwerks im August 2022 sollen die Fragen nach den Nachhaltigkeitsvorlieben dazukommen, wenn die Berater das tun, was der EU so vorschwebt. Die Umsetzung dieser detaillierten Abfrage wird in der Praxis als komplex angesehen und stellt die Finanzbranche vor Herausforderungen. Denn so wie der EU-Gesetzgeber sich dies vorstellt, ist das reichlich praxisfern – und den Beratern in der Beratungspraxis teilweise hinderlich. Aber der Reihe nach.

Die EU sieht dieses Verfahren vor

Zuerst sollen Sie gefragt werden, ob Sie überhaupt nachhaltig investieren wollen. Sagen Sie »nein«, geht es wie üblich weiter. Sagen Sie »ja«, geht es mit drei weiteren Schritten weiter. Nun sollen Sie entscheiden, nach welcher der drei von der EU vorgegebenen Kategorien für nachhaltige Anlagen Sie investieren möchten – und ob Sie gegebenenfalls mehrere davon wählen. Klingt kompliziert und ist es auch, weil kaum ein Anleger mit diesen Kategorien vertraut sein dürfte.

Diese drei **Ansätze zur Definition Ihrer Nachhaltigkeitspräferenzen** sind:

- **Kategorie 1:** Investitionen mit einem Mindestanteil an ökologisch nachhaltigen Anlagen gemäß der **EU-Taxonomie-Verordnung** (VO (EU) 2020/852).
- **Kategorie 2:** Investitionen mit einem Mindestanteil an nachhaltigen Investitionen gemäß der EU-Offenlegungsverordnung (VO (EU) 2019/2088 – Sustainable Finance Disclosure Regulation, SFDR).
- **Kategorie 3:** Investitionen, die die wichtigsten nachteiligen Auswirkungen auf Nachhaltigkeitsfaktoren (sog. Principal Adverse Impacts, kurz PAI) berücksichtigen.

Diese Kategorien sind juristisch klar definiert, für Anleger jedoch oft schwer verständlich, da sie überwiegend aus dem institutionellen Finanzmarkt stammen. Im Folgenden werden die drei Kategorien näher erläutert.

17.2 Kategorie 1: Ökologisch-nachhaltige Investitionen nach Taxonomie-Verordnung

Hierbei geht es um die Frage, ob und wie stark Ihre Geldanlage Aktivitäten finanzieren soll, die nach der **EU-Taxonomie-Verordnung** als ökologisch nachhaltig eingestuft werden. Mit der Taxonomie-Verordnung versucht die EU, den Ausstoß von klimaschädlichen Treibhausgasen zu senken und Geld in den klimafreundlichen Umbau der Wirtschaft zu lenken.

Wollen Sie nachhaltig anlegen, müssten Sie deshalb als nächstes gefragt werden, ob Ihnen die Taxonomie, die das wirtschaftliche Geschehen nach Nachhaltigkeit klassifiziert, wichtig ist, und welche Einzelthemen für Sie besonders wichtig sind.

Ökologisch-nachhaltig gilt zum Beispiel eine Investition dann, wenn sie einen wesentlichen Beitrag zu mindestens einem der folgenden sechs Umweltziele leistet:

- Klimaschutz,
- Klimawandelanpassung,
- nachhaltige Nutzung von Wasserressourcen,
- Wandel zu einer Kreislaufwirtschaft,
- Vermeidung von Umweltverschmutzung sowie
- Schutz von Ökosystemen und Biodiversität.

! Gas und Atomenergie gelten seit Anfang 2023 nach der **EU-Taxonomie** unter strengen Auflagen vorübergehend auch als nachhaltig. Diese Einstufung, die auf politische Kompromisse zurückgeht, ist umstritten, da bei der Nutzung von Gas klimaschädliches CO_2 entsteht und die Endlagerung von Atommüll ungelöst ist. Das zeigt wieder einmal, wie unterschiedlich man das Wort »nachhaltig« interpretieren kann.

Weiter besagen die **Taxonomie-Regeln,** dass bestimmte soziale Mindestanforderungen (z.B. Einhalten von Menschenrechten) zu beachten sind. Der Schwerpunkt liegt aber eindeutig auf der Ökologie. Ob die Taxonomie künftig auch soziale oder Governance-Ziele umfasst, ist noch offen.

17.3 Kategorie 2: Nachhaltige Investitionen nach Offenlegungsverordnung (SFDR)

Diese Kategorie ist breiter gefasst als eine reine ökologische Betrachtung innerhalb der **EU-Taxonomie.** Eine »nachhaltige Investition« im Sinne der **Offenlegungsverordnung** (Verordnung 2019/2088 über nachhaltigkeitsbezogene Offenlegungspflichten im Finanzdienstleistungssektor) leistet einen Beitrag zu einem Umwelt- oder einem sozialen Ziel.

Beispiele für soziale Ziele sind die Bekämpfung von Ungleichheit oder die Förderung von sozialem Zusammenhalt und Arbeitnehmerrechten. Eine nachhaltige Investition bedeutet also nicht ausschließlich Umweltschutz, sondern umfasst auch soziale Aspekte. Gleichzeitig darf die Investition kein anderes Ziel erheblich beeinträchtigen (das sog. »Do No Significant Harm«-Prinzip, also das Gebot, dass ein Nutzen in einem Bereich nicht durch Schäden in einem anderen Bereich wieder aufgehoben werden darf) und die Unternehmen müssen Praktiken guter Unternehmensführung anwenden, etwa bei Steuerthemen und Managementstrukturen. Dies umfasst zum Beispiel transparente Steuerstrategien, wirksame Kontrollmechanismen sowie die Wahrung von Aktionärsrechten.

17.4 Kategorie 3: Berücksichtigung nachteiliger Auswirkungen

Bei diesem Ansatz geht es darum, gezielt Investitionen zu meiden, die negative Auswirkungen auf Umwelt, Soziales oder Unternehmensführung haben. Diese »**Principal Adverse Impacts**« (PAI) sind in einer langen Liste definiert und umfassen zum Beispiel den CO_2-Fußabdruck eines Unternehmens, den Wasserverbrauch, die Abfallmenge oder die geschlechtsspezifische Lohnlücke. Darunter versteht man Kennziffern, die anzeigen, welche negativen Auswirkungen Unternehmensaktivitäten auf Umwelt und Gesellschaft haben können. In der Beratung können Sie angeben, dass Sie Finanzprodukte bevorzugen, die solche negativen Auswirkungen aktiv berücksichtigen und reduzieren wollen, auch wenn das Investment selbst nicht explizit als »nachhaltig« nach Kategorie 1 oder 2 gilt. So wird deutlich, dass bereits die Beachtung der PAI ein Beitrag zu verantwortungsvoller Geldanlage sein kann.

17.5 Nachhaltige Investitionen gemäß der Offenlegungsverordnung

Angenommen, Sie haben mit Ihrem Finanzberater über die **Taxonomie-Verordnung** geredet. Dann müsste er mit Ihnen im zweiten Schritt über die **Offenlegungsverordnung** (Sustainable Finance Disclosure Regulation, SFDR) sprechen. Diese soll Anlegenden helfen, die Nachhaltigkeitsprofile von Finanzprodukten besser zu verstehen und vergleichen zu können.

Laut der SFDR ist eine Investition nachhaltig, wenn sie zum Erreichen eines Umwelt- oder Sozialziels (im Sinne von ESG) beiträgt und dabei den anderen Zielen keinen erheblichen Schaden zufügt. Dieses Kernprinzip wird auch als »**Do No Significant Harm**« (DNSH) bezeichnet, also die »Vermeidung erheblicher Beeinträchtigungen«.

Zu den **ESG-Zielen** zählen beispielsweise die ressourceneffiziente Nutzung von (erneuerbaren) Energien, Rohstoffen, Wasser und Boden, der Schutz der biologischen Vielfalt, die Förderung der Kreislaufwirtschaft, Investitionen zur Bekämpfung von Ungleichheit, die Stärkung des sozialen Zusammenhalts oder der sozialen Integration sowie eine gute Unternehmensführung – besonders, was die faire Bezahlung von Arbeitnehmern und das Einhalten von Steuervorschriften angeht.

Auf dieser Grundlage müssen die Anbieter in ihren vorvertraglichen Informationen angeben, welche nachhaltigen Ziele sie sich mit einem Produkt gesetzt haben; man spricht daher auch von den **Transparenzpflichten.** Die Banken, Fondsgesellschaften oder Versicherer klassifizieren ihre Produkte nach ihrer Einschätzung als Artikel-6-, Artikel-8- oder Artikel-9-Produkte:

- **Artikel-6-Produkte:** Bei diesen ist vor Vertragsschluss anzugeben, inwieweit Nachhaltigkeitsrisiken bei der Investitionsentscheidung berücksichtigt werden und wie sich diese auf die Rendite auswirken könnte. Werden Nachhaltigkeitsrisiken nicht berücksichtigt, muss dies begründet werden. Das betrifft alle Fonds, auch die nicht explizit als nachhaltig beworbenen.

- **Artikel-8-Produkte:** Hier ist zusätzlich offenzulegen, wie die Anbieter die beworbenen ökologischen und/oder sozialen Merkmale konkret umsetzen (sog. »hellgrüne« Fonds).
- **Artikel-9-Produkte:** Bei diesen müssen die Anbieter darlegen, welche konkreten nachhaltigen Anlageziele sie verfolgen (z.B. die Verringerung von klimaschädlichen Emissionen) und wie das anvisierte Ziel durch die Anlagestrategie nachweislich erreicht wird (sog. »dunkelgrüne« Fonds).

Damit keine falschen Erwartungen entstehen: Es geht hier vor allem um **Transparenzpflichten** – und nicht um strenge, im Detail ausformulierte Nachhaltigkeitskriterien, an die sich die Anbieter halten müssen. Man bewegt sich also in einer regulatorischen Grauzone, zumal die Investmentgesellschaften nicht selten unterschiedliche Maßstäbe anlegen, wenn es um Nachhaltigkeit geht. Manche sind strenger, manche weniger streng. Zudem besteht die Gefahr des sogenannten **»Greenwashings«**, bei dem Fonds so klassifiziert werden, dass sie nachhaltige Aspekte berücksichtigen, ohne dass die Anlagestrategie wirklich grundlegend geändert wurde.

! Während bei einer Investition nach der Taxonomie-Verordnung ausschließlich ökologische Aspekte eine Rolle spielen, werden bei einer nachhaltigen Investition nach der Offenlegungsverordnung zusätzlich auch Kriterien aus den Bereichen Soziales und guter Unternehmensführung einbezogen.

Im **Beratungs- bzw. Verkaufsgespräch** müssten Sie als Anleger mit einer **Nachhaltigkeitspräferenz** daher gezielt befragt werden. Gemäß den aktuellen **MiFID-II-Vorgaben** muss Ihr Berater Ihre persönlichen Präferenzen in drei Schritten abfragen:

- **Taxonomiekonforme Investitionen:** Welchen Mindestanteil soll Ihre Anlage in ökologisch nachhaltige Investitionen gemäß der Taxonomie-Verordnung aufweisen?

- **Nachhaltige Investitionen** (SFDR): Welchen Mindestanteil soll Ihre Anlage in nachhaltige Investitionen im Sinne der Offenlegungsverordnung (Artikel 2 Nr. 17 SFDR) investieren?
- **Berücksichtigung nachteiliger Auswirkungen** (PAIs): Sollen bei Ihren Investitionen die wichtigsten nachteiligen Auswirkungen auf Nachhaltigkeitsfaktoren (Principal Adverse Impacts, PAIs) berücksichtigt werden, und wenn ja, welche?

Bei den PAIs geht es vereinfacht gesagt darum, ob Sie bestimmte Themen oder Praktiken bei Ihren Anlagen ausschließen wollen, etwa Investitionen in Unternehmen mit Bezug zu Atomkraft oder kontroversen Waffen wie biologischen Waffen oder Streubomben.

Die Anbieter von Finanzprodukten müssen über die Berücksichtigung der wichtigsten PAIs berichten und gegebenenfalls erklären, warum sie dies nicht tun. Es gibt dabei in den technischen Regulierungsstandards (RTS) insgesamt 18 **verpflichtende** und 46 **freiwillige Indikatoren.** Zu den verpflichtenden Indikatoren zählen beispielsweise Treibhausgasemissionen, der Anteil gefährlicher Abfälle oder das geschlechtsspezifische Verdienstgefälle.

Sie sehen schon: Mit solchen **bürokratischen Auflagen** dürften sich sowohl Berater als auch selbst gut informierte Kunden schwertun, abgesehen davon, dass so ein Gespräch sich ziemlich in die Länge ziehen kann. Verbraucherschützer warnen daher seit Längerem, dass Finanzberatern und -verkäufern oft detaillierte Kenntnisse über einzelne Fonds fehlen, um zwischen mehr und weniger nachhaltigen Produkten trennscharf zu unterscheiden. Schon aus Zeitgründen dürfte es daher auch gutmeinenden Vermittlern schwerfallen, die komplexen Vorgaben korrekt umzusetzen.

Index

A

B

C

D

E

F

G

H

I

K

L

M

N

Steuertipps
Melde dich für unsere kostenlosen Newsletter an.
Mit Themen rund um Steuertipps, Geldtipps und Tipps für Selbstständige.
Kompakt. Verständlich. Nützlich.
Einfach QR-Code scannen
oder folgenden Link eingeben:
www.steuertipps.de/service/newsletter

Druck und Bindung: Westermann Druck GmbH,
Georg-Westermann-Allee 66, 38104 Braunschweig

ISBN 978-3-14-222630-9